発信力をつける新しい英語語彙指導

プロセス可視化とチャンク学習

投野由紀夫 著

三省堂

●編集協力　桃井秀知
●ブックデザイン　九鬼浩子(Studio Press)

はじめに

　この本は「発信力をつける英語語彙指導」というテーマで中学・高校の先生向けに書きました。私の専門のひとつはコーパス言語学で、特に英語語彙習得研究にコーパスを活用しています。本書では、新しい英語教育改革のさまざまな提案を俯瞰しながら、どのような語彙指導が今後なされたらよいか、私なりのイメージを整理しました。特に大事なのは、「身につけるべき英語」の全体像をはっきり描くことです。英語はスキル科目ですから、「英語で何ができるようになるか？」という部分に関してのイメージが漠然としていると、教えたり学んだりする際に迷走してしまいます。逆にそのイメージがはっきりした先生や学習者は、何が大事かの優先順位がわかっているので、教科書や問題集、入試などに対しての戦略もしっかり立てられます。この本を読まれたら、きっとその「身につけるべき英語」に関するイメージが鮮明になり、教科書や教材を見る見方が変わってくるに違いありません。是非、ご自身の持っているイメージとすり合わせながら読んでみて下さい。

　そして後半は私が最も大事だと考える語彙学習のノウハウと、特に辞書指導に関してまとめました。現行学習指導要領でも加えられた「辞書指導」。皆さんはどうやっていますか？本文で詳しく述べますが、「語彙の目利き」はできていますか？是非この本を読んで、しっかりしたガイドラインを生徒さんに示してあげて下さい。彼らは辞書を自分で引くことで調べる力を身につけ、英語に対して自力で取り組めるようになります。そのためには、いくつかの基本的な語彙学習のポイントを先生と生徒が共有するといいのです。それによって学習ストラテジーが立てやすくなります。そして、語彙学習のポイントが共有できたところで、発信力に結びつくような語彙トレーニングをおこないましょう。ここで重要なのは、

チャンク中心の語彙学習です。このような流れから、学習プロセスの可視化＝見える化が可能になります。見通しがきく指導法・学習法こそ、学習者が真の実力をつけ、独り立ちしていく道を助ける方法です。

　最後に本書の成立に当たり、原稿整理をして下さった桃井秀知氏、編集担当の三省堂辞書出版部外国語辞書編集長の寺本衛氏には、たいへんお世話になりました。心から感謝します。

　この本で真の英語発信力に結びつくような教え方、学び方のエッセンスがわかるように、と心より祈念しています。

2014年初冬　投野由紀夫

もくじ

はじめに ……………………………………………………………… iii

第1章　知っておきたい英語基本語彙のメリハリ
　現行学習指導要領の中身 …………………………………………… 1
　コーパスに見る英語基本語彙の構造 ……………………………… 2
　会話コーパストップ100の単語の内訳 …………………………… 5
　トップ2,000語でできること ……………………………………… 11
　英語基本語彙の仕事量 …………………………………………… 12
　「幹」と「枝葉」―語彙は立体構造 ……………………………… 16
　○コラム　私の英語との格闘1
　　　　収集癖、凝り性の子供時代 ……………………………… 19

第2章　真の英語力を培う語彙指導の急所とは？
　研修会などで痛切に感じること ………………………………… 21
　「幹」と「枝葉」を分ける ……………………………………… 22
　あるSELHi校での話 ……………………………………………… 25
　教科書本文を「語彙」の視点で見直す ………………………… 26
　膨大な語彙のどこに焦点を置くか？ …………………………… 28
　「幹」と「枝葉」の単語の目利き ……………………………… 29
　テキストに基本動詞の応用例を ………………………………… 33
　単語の「幹＋枝葉」をセットで覚える ………………………… 34
　接する量が乏しい日本の英語教科書 …………………………… 39
　外国語学習に必要な時間数 ……………………………………… 45
　日本人の英語力の典型パターン ………………………………… 47
　自分で語彙学習ストラテジーを選び取る ……………………… 48
　○コラム　私の英語との格闘2
　　　　英語は伸び悩みの高校初期 …………………………… 50
　　　　奇跡の添削指導者 ……………………………………… 51

第3章「辞書」を使って語彙学習をガイドする
　「辞書指導」とその方法 ………………………………………… 54
　辞書で勉強法を判断する①―「単語の目利き」をさせる …… 58

辞書で勉強法を判断する② ― 辞書の見出し語以下の情報 ……… 65
　幹の「100 語」―フォーカスページの活用 ……… 70
　練習方法―Multimodal & 4/3/2 ……… 72
　単語集と単語テスト ……… 74
　語彙学習ストラテジーを発見させる ……… 79
　100 語、2,000 語で大学入試に対応できるのか？ ……… 81
　英語に対する見方が変わると教え方が変わる ……… 84
　「辞書」は強力な武器 ……… 86
　○コラム　私の英語との格闘 3
　　　　大学 1 年 ― 辞書収集と研究の始まり ……… 88
　　　　「使える英語」への転換 ……… 89

第 4 章　チャンク学習の重要性とその指導法
　単語の「目利き」とそれに応じた語彙学習方略の選択 ……… 92
　基本 100 語の扱い ― 単語研究ノート ……… 92
　2,000 語レベルはチャンクで ……… 95
　受信から発信へ ……… 97
　文レベルに移行する際の基礎ドリル ……… 103
　「チャンク英作ノート」を用意する ……… 107
　○コラム　私の英語との格闘 4
　　　　留学そして「辞書ユーザーの研究」へ ……… 109
　　　　COBUILD ― そしてコーパスとの出会い ……… 110

第 5 章　CAN-DO ＆英語教育改革と語彙指導
　日本の英語教育はどこに向かうのか？ ……… 112
　CAN-DO とは何か？ ……… 115
　CAN-DO と対応した語彙・表現の重要性 ……… 120
　改革の成否の鍵を握る「英語の基礎基本のイメージ」 ……… 125
　指導の時間配分について ……… 127
　○コラム　私の英語との格闘 5
　　　　決意の留学、そして新しい研究の始まり ……… 131

参考文献 ……… 134
さくいん ……… 135

01 知っておきたい英語基本語彙のメリハリ

現行学習指導要領の中身

　新学習指導要領が施行されて、中学校の教科書が2012年度から刷新されました。高校も2013年度から新しくなりました。表1は現行学習指導要領の学習語彙に関する資料です。ご覧になれば分かるとおり、中学校の学習語彙は900語から1,200語、そして高等学校の場合は最低2,200語だったところから3,000語と、語彙量はかなりアップしています。高等学校の「コミュニケーション英語Ⅰ」、「コミュニケーション英語Ⅱ」、「コミュニケーション英語Ⅲ」では400語、700語、700語と増えていきます。旧学習指導要領の学習語彙を2,200語だとすると、約800語の差があります。

　学習語彙増加の背景には、従来の「ゆとり教育」見直しがあり、また福田内閣時代の教育再生懇談会などでの答申で日本の英語にかける時間や教科書の分量の少なさが指摘されたことによります。ただ、これを見た皆さんの印象はどう

旧指導要領		現行指導要領	
中学校	900語	中学校	1,200語
英語Ⅰ	400語	コミュニケーション英語Ⅰ	400語
英語Ⅱ	500語	コミュニケーション英語Ⅱ	700語
リーディング （※英語にくわえて）	900語	コミュニケーション英語Ⅲ	700語
900＋1,300〜1,800 ＝2,200〜2,700語		1,200＋1,800＝3,000語	

表1　現行の学習指導要領の語彙

でしょうか？900語から1,200語、2,200語から3,000語という増加率はわかっても、その変化が実際どのくらい英語の力を高めるか、自分の教え方がどの程度変わるか、ということについてイメージできるでしょうか？おそらくぼんやりとしかわからない、というのが偽らざるところでしょう。そこで次のセクションで私の調査でわかる英語基本語彙の重要なポイントを少しずつお話ししましょう。

コーパスに見る英語基本語彙の構造

　私の専門は「コーパス言語学」という分野です。「コーパス」はcorpusと書きます。複数形はcorpora。これはもともとラテン語の「体（body）」という意味でした。今でも、同語源のcorpseという語があり、これは「遺骸」という意味。やはり「体」ですね。corpusは「テキストが大量に集まって一つの体のような集合体を形成したもの」という意

味です。かつてはシェークスピアのコーパスというとその全作品を集めたものを言いました。現代のコーパス言語学では、言語研究を目的に大量に収集・電子化されたテキストのことを「コーパス」といいます。現在は1億語規模のコーパスが普通で、大きいものだと20〜30億語のコーパスが利用できる時代になっています。

　コーパスで語彙をいろいろ解析しますと、面白いことがわかります。皆さん、先ほどの学習指導要領の1,200語とか3,000語というふうに言っても、その1,200語とか3,000語というのはどのような語彙なのかについて、あまり明確なイメージを持っていない場合が多いです。そこで、コーパスで調べた基本語彙のいろいろな特徴や役割を以下に説明します。そして、基本語彙の構造はどうなっているのか、「英語を使う」とはその語彙をどういうふうに用いることなのか、という点について、イメージをはっきりさせていきましょう。

　英語基本語彙の構造について、図1のような円を使って説明しましょう。

　まずは中心の100語、それから1,000語と1,200語、そして2,000語という区切りがあります。1,200語は中学終了時、3,000語は高校終了時の区切りであるということ

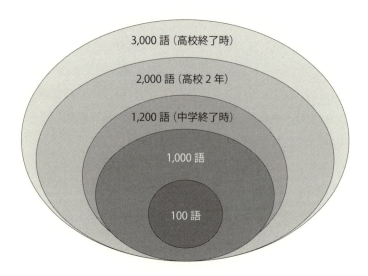

図1　英語基本語彙の構造

を頭に入れてください。1,000語、2,000語は語彙習得研究でよく使われる単位なので区切りとして入れてあります。ついでにいうと、現行の学習指導要領では語彙数の上限は実際にはありません。「3,000語程度」を表しているだけで、もちろんこれ以上学習しても構いません。以前の学習指導要領は上限を示す記述もありましたので、この点には注意が必要です。

では、この100語、1,000語、1,200語、2,000語、3,000語で何ができるのかということを一緒に考えたいと思います。

会話コーパストップ100の単語の内訳

実は最初の「基本100語」という部分が非常に重要です。図2を見てください。

これは私が講師をしたNHK教育テレビ『100語でスタート！英会話』(2003〜2005年度放映)で用いた1億語のイギリス英語コーパスBritish National Corpus (BNC)の話し言葉1,000万語のデータを集計したものです。

1,000万語の話し言葉のテキストを集計して、英単語の出現頻度順にリストを作ったとします。そうするとトップにはIとかtheとか何万回も出てくるような頻出単語が来

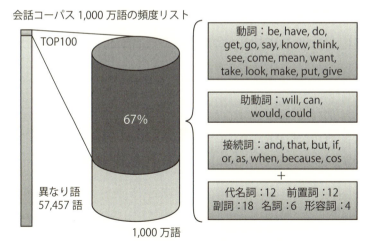

図2　会話コーパス上位100語の占める割合

ます。これが何万回出てきても1語と数える方法を「異なり語」(英語ではtype)といい、1,000万語のBNCの異なり語は全部で57,457語ありました。これはかなりの語数ですね。主見出し (辞典のメインの見出しで熟語や句動詞は含めない) の数で数えると普通の中辞典クラスの主見出しに匹敵します。

ところがこの約57,000語の単語の使用分布を見ると驚くべきことが判明します。トップの100語をとると、何とこの1,000万語のデータ全体の67%を占めてしまうのです！つまり、この100語だけで1,000万語の会話データの7割近くをカバーしてしまう大変活用度の高い語彙群だということです。

では、一番よく使う100語はどんな単語でしょうか。その中身をざっと見てみましょう：

① **動詞**
　文の構造を決めます。100語に出てくるのは以下のような動詞です。

　★**三大 (多機能) 動詞**
　　be, have, do
　　これらは一般動詞にも助動詞 (beは進行形、haveは完

了時制、do は疑問文、否定文に助動詞として使います）にもなります。非常に用法が多岐にわたり、機能語のように働きます。

★アクション動詞

get, go, come, take, make, put, give
動作を表す動詞。get, give のような「受け渡し」、go, come, take のような「場所や物の移動」、make, put のような「物事の状態の変化」など、動作を表す動詞グループです。

★コミュニケーション動詞

say
100 語には say しか入っていませんが、tell, hear, listen, speak, talk などがこれに入ります。言葉でやりとりする様子を表現する動詞グループです。

★メンタル動詞

know, think, see, mean, want, look
「考える」「感じる」など、頭や心で行われる働きを表す動詞グループです。考えや意思、「見る・聞く」などの知覚動詞もこれに入ります。

②**助動詞**

will, can, would, could

助動詞は動詞だけだと伝わらない微妙なニュアンスを添えてくれます。I go.（私は行く）だと素っ気ないですが、I could go. と could をそえると「(行って欲しいなら) 行ってもいいよ」というような気持ちを表します。I will go. とすると「僕が行く」という決意のような気持ちも表せます。このように助動詞は、添える意味で大きく分けると「意思」「願望」「推測」のような気持ちが加わります。100語には will, can だけでなく would, could も入っています。高校ではあまり強調しない過去形の助動詞 would, could ですが、会話では「ていねいさ」を表すなど、非常に重要な役割をします。

③**接続詞**

and, that, but, if, or, as, when, because など

接続詞は会話を連続させていくための中心的な「部品」です。会話では複雑な長い文を作るのは避けられ、むしろ短めの文を接続詞でたくさんつなげていくことが好まれます。

④**代名詞**

I, you, it, they, we, he, she, one, who など

最もよく使う代名詞は I, you, it です。会話では「私、あなた、それ」と話し手、聞き手、話題になるものを指す代名詞が圧倒的に多く用いられます。Here and now（今この場

所で)という原則が会話には強く働いているわけです。

一方、書き言葉になると I, you よりも it や he の頻度の方が高くなります。話題がより自分よりも外の世界に向かうためです。

⑤前置詞

of, in, to, for, on, with, at, about, from, like, by など

前置詞はいろいろな機能があり、in the park（公園で）と「場所」を表したり、in January（1月に）と「時」を表したりもします。of は特に高頻度で用いられ、the President of the United States（米国の大統領）のように A of B（B の A）と2つの要素を連結させる役割をします。前置詞は get up at 6 o'clock（6時に起きる）のように、動詞を修飾する副詞句の役割を果たすだけでなく、the man in a black suit（黒いスーツの男）のように名詞を修飾する形容詞句の役割もします。

⑥副詞

not, out, up, so, then, now, there, more, just, well, only, very, how, when など

副詞もトップ100に登場するのはほとんどが機能語です。now, then, when のように「時間」に関する副詞、so, more, just, well, only, very, how などの「程度」を表す副詞などが主です。

こうやって見ますと、動詞と機能語、つまり動詞と文法関係の単語が100語の中のほとんどを占めていることがわかります。面白いことに、内容語の名詞と形容詞は10語ほどしかありません。内容語は動詞を除けばトップ100語にはほとんど含まれないのです。つまり、全体の6〜7割を占めるトップ100語は、英語の文の骨組みを作っている単語たち、といえるでしょう。そして、この100語の単語は繰り返し現れ、文の基本的「部品」として文を組み立ててくれます。これらの100語をしっかり使いこなせるかどうかが、英語の土台を決めるのです。

トップ2,000語でできること

では次に100語から徐々に語数を増やしていくとテキストのカバー率はどうなるのか、を見てみましょう。図3を見てください。トップ2,000語でカバー率は83%、次の2,001〜4,000語レベルで5%（累積88%）、4,001〜6,000語レベルで3%（累積91%）の増加となります。トップ2,000語までだとデータ全体の約8割もカバーしますが、それ以降は累積のカバー率も激減してしまいます。

トップ2,000語で8割というのは書き言葉の場合で、話し言葉ではトップ2,000語で約9割をカバーします。話し言葉の方が限られた単語で身の回りのことを表し、単語が

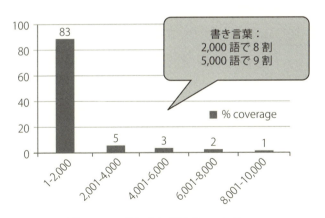

図3　2,000語ごとに増えていったら…

少なくてすむからです。このようなデータから見ても、英語のコミュニケーションにおいて、トップ2,000語が非常に重要だということが理解できるでしょう。

英語基本語彙の仕事量

図1の円の中心にあった最も頻度の高い100語に注目してください。100語は単語の数としてはたいしたことがないように見えますが、実は英語を使うために一番重要な役割を果たしているのがこの100語です。図4はこれらの重要度に関しての基本情報をまとめたものです。

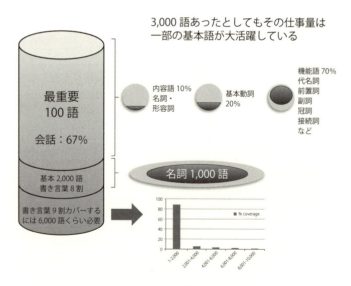

図4　「英語基本語彙」の仕事量

トップ100語は英語を話したり書いたりする場合の英文の中で約7割弱を占めていて、その100語の内訳は基本動詞20%と機能語70%ということです。イメージ的にはこれらの100語の役割としては、2割の動詞で文の骨組みを作り、7割の機能語群は動詞を取り囲んで、文を組み立てるパーツとして使われるのです。

　次の基本2,000語を含めると話し言葉の9割、書き言葉の8割を占めます。面白いのは、2,000語の内訳で、その半分は名詞だということです。つまり、トップ100語ではその中身を見ると内容語はほとんどなく、文の構造を決めるパーツ類が主なのに対して、次の2,000語に関しては、半分以上が内容を表す言葉になります。

　この最初の2,000語でのカバー率が圧倒的に多く、次の2,000語(=4,000語レベル)、次の2,000語(=6,000語レベル)と足していっても、テキストのカバー率は数パーセントしか増えないことは先ほど(図3で)説明しました。トップ2,000語がいかに重要な基本単語群かを示している事実と言えるでしょう。

　ちなみに、書き言葉の9割をカバーするには、どれくらいの語数が必要でしょうか。大体6,000語ぐらいです。したがって、ネイティブ・スピーカーが日常読み書きする書

き言葉の9割以上をカバーするためには、かなりたくさんの単語を覚えなければなりません。

　トップ100語を含む2,000語の内訳を品詞別に見てみると、図5のとおりです。半分の約1,000語は名詞です。それから主要な内容語になる形容詞や副詞も含まれます。また、機能語もたくさん見られます。例えば副詞には時間（today, tomorrowなど）、頻度（always, usuallyなど）、様態（quickly, suddenly）を表すものがあります。図にあるstance wordとは、just, a bit, actually, reallyのように、会話のときに相手との距離をとって、あまり言い方がダイレクトにならないようにし、表現を少し柔らかくするような

図5　2,000語で8〜9割の仕事をする

単語です。それから、たくさん出てくるのは、指示語（deictic）です。会話では、名詞を使わずに略すことが多く、this, that のような指示語がたくさん出てきます。それから you know, I mean, などの談話標識（discourse marker）もあります。表 2 は品詞とその具体例をまとめたものです。

名詞		person, thing, way, time, etc.
形容詞		lovely, nice, different, good, bad, etc.
法助動詞		may, must, will, should, etc.
動詞		give, leave, stop, help, feel, put, etc.
	軽動詞	do, make, take, get, etc.
副詞	時間	today, tomorrow, yesterday, etc.
	頻度	always, usually, sometimes, etc.
	様態	quickly, suddenly, etc.
stance word		just, whatever, bit, actually, really, etc.
指示語		this, that, here, there, now, then, etc.
談話標識		you know, I mean, right, well, so, etc.

表 2　2,000 語の単語群の顔

「幹」と「枝葉」―語彙は立体構造

　今までネイティブ・スピーカーの英語の分析から、最もよく使う100語、その次の2,000語が英語力の核を作る、ということを見てきました。そこで再度、学習指導要領が唱える3,000語に関してイメージ図で示したものが図6です。トップ100語は少ししか面積がないように見えますが、ものすごく大量に仕事をするので、語彙知識としては非常に深くなっています。使い方が複雑で、用法に厚みがある単語と言えます。そして、次の1,000語ぐらいも、そういう意味ではかなり使い出があって、そのあとはだんだん薄くなります。周辺に行くほど使い方は単純です。高校で学習する2,000～3,000語レベルの単語について言えば、意味だけを知っていればよい単語群になります。

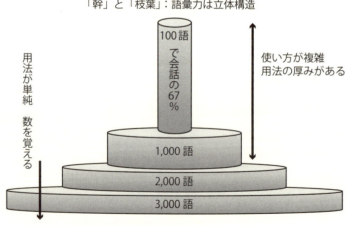

図6　受容語彙と発信語彙のメリハリ

注意したいのは、3,000語レベルの単語でも大学よりも上級のレベルに行くと、受容語彙から発信語彙に転換していく必要があるという点です。そして、おそらくそのような英語中級者は7,000〜8,000語ぐらいを受容語彙として持ち、より上位に行くほど語彙力に広がりが見られるでしょう。高校3,000語以上を視野に入れたイメージが図7です。

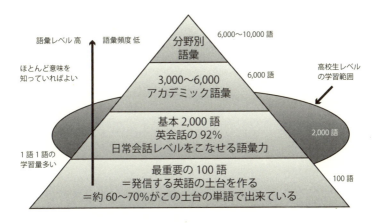

図7　語彙力のイメージ

　高校生レベルは背景に示した円の部分ですが、これより上ではどのくらいの語数になるのでしょうか。大学では3,000〜6,000語のアカデミック語彙というものがまず必要になってくるでしょう。だいたいどの分野にも必要な教養のある文章を読む際に重要な語彙群です。そして、6,000語以上のレベルになると分野別の語彙が現れてきます。例えば、理科系・政治・経済・法律など、専門分野で英語を使

える力になります。これを ESP（English for Specific Purposes）語彙と言います。

　中学校・高等学校では、話し言葉の9割、書き言葉の8割をしっかり使えるようになるために、まず基本 2,000 語を学習しなければなりません。さらに 1,000〜2,000 語ぐらいの単語を基本 2,000 語に上乗せして、基礎の大学受験に備えるというのが現実的です。上級の大学入試に関してはもっと必要かも知れませんが、そのことは第3章で詳しく見ることにします。

　大事なのは、ピラミッドの底辺の土台部分です。ところが、土台をしっかり作れず、逆三角形になっている生徒がたくさんいます。

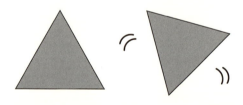

図8　土台の安定した英語力、不安定な英語力

　上の部分を高くしても、土台がしっかり作られていなければ、英語は身につきません。そういう視点から、私たち英語教員がどんなふうに語彙指導をしているか振り返る必要があるのではないでしょうか。

> コラム
> 私の
> 英語との格闘
> 1

収集癖、凝り性の子供時代

　私は幼い頃から凝り性で収集癖がありました。昭和36年の高度成長期の生まれ。幼稚園の頃はメンコ、お酒のふた、小学校低学年は怪獣カード、高学年は切手収集、ビートルズのラジオでのエア・チェック（レコードが買えなかったので、録音で集めたのです）。とにかく集めて友達と競い合うようなことが大好きでした。

　中学になるとこの傾向はますます強くなり、友達の影響でクラシック音楽を聴き始め、それも普通の演奏ではなく、戦前のSPレコード（78回転）の往年の演奏家に凝り始めました。特に声楽とヴァイオリンに凝り、エレナ・ゲルハルト、レオ・スレザークという二人の声楽家、ブロニスラフ・フーベルマン、ジョセフ・ハッシドというヴァイオリニストの珍しい録音を復刻版で探し回ったりしました。そのうち、安いSPも買うようになり、この収集癖はずっと今でも続いています。

　同時に凝ったのが、ブルース・リーです。かなりクラシック音楽に比べると趣味がとんでいるとお思いでしょう。今では当たり前かも知れませんが、ブルース・リーの『燃えよドラゴン』が小学校6年（1973年12月日本公開）の時にちょうど封切りになって、最初にその格闘シーンの一部を

テレビで見た時は「何だ、このスピードは！？」「誰だ、こいつは？」と目が釘づけになり、調べたらそのブルース・リーは公開前の7月に32歳の若さで急死していました。その後、たぶん当時の日本人のかなりがブルース・リー狂になっていたと思いますが、私はカンフーをやるよりは彼が特集された雑誌やムックなどを買いあさりました。

　クラシックもブルース・リーもそうなのですが、だんだん集めるだけでは飽きたらず、それに関する評論をするようになったのが中学の時です。購入したレコードを1枚1枚ディスコグラフィーとして大学ノートに記録し、聞いた感想をメモしました。宇野功芳氏の『ブルーノ・ワルター』(1972)という一人の指揮者の全録音レコード批評を図書館で借りて読む機会があり、「これなら自分にも書けそう」と思って、文体を真似てかなりの独断的紋切り型でブルース・リーの映画批評や、往年のSPレコード批評などをノートに書いたりしたのもこの頃です。中3の修学旅行では京都・奈良の仏閣を見て、亀井勝一郎『大和古寺風物詩』のような文体で見学日誌を書き、社会科の先生から「中3でこんな感想文を読んだことがない」と激賞されました。自分の整理する能力、人の文体などを真似る能力はこういった収集癖と批評家気取りの中で醸成されていき、この能力は語学学習にも威力を発揮するのです。（つづく）

02 真の英語力を培う語彙指導の急所とは？

研修会などで痛切に感じること

　前の章では、英語の語彙力の構造や役割について、コーパス分析を通して見てきました。英語の先生方は英語の語彙に関するこういったイメージがはっきりしてくると、ご自身の授業で使っている教材の英語について「ちょっと待てよ」と振り返ることができるようになります。英語の力をつけるとしたら何が重要か、考えることができるようになります。そうすると、教材の料理の仕方、力点の置き場所などが変わってくるのです。

　この章では、それらのポイントを押さえながら、語彙指導の急所を解説していきます。図9の5つの急所について、ひとつひとつ説明していきましょう。

> - 「幹」の単語と「枝葉」の単語の「学習方法を分ける」
>   「幹」：意味だけではなく、「使いこなし」を学ぶ
>   → 発信力をつける
>   「枝葉」：基本的に「意味」だけでよい
>
> - 先生が「幹」と「枝葉」を分けられる、生徒が分ける方法を知っている。
>
> - 単語を単独で覚えるのではなく、「幹＋枝葉」をセットで学習する。
>
> - 接する量を増やす＆接し方を多様にする。
>
> - 自分で語彙学習ストラテジーを試し、選び取っていく。

図9　語彙指導の急所5箇条

「幹」と「枝葉」を分ける

まず、「幹」の単語と「枝葉」の単語の学習方法を分けましょう。基本100語とそれ以外の単語に関して述べましたが、まずは中高レベルでは、「幹」となる基本100語の場合は意味だけではなく「使いこなし」を覚えます。一方、「枝葉」の場合は基本的に意味だけ覚えればよいのです。

そして、英語教員が「幹」と「枝葉」の単語を仕分けられる、生徒が仕分ける方法を知っている、ということが大事です。そのイメージとして図10を示しましょう。英語の先生の多くが、教科書に出てきた単語をそのまま丸暗記させ、そのまま単語テストに出している場合があります。しかし、実際はひとつひとつの単語には顔があり性格があります。ものすごく働き者の単語とあんまり役に立たない単語を同列に置いてはいけません。図10の左側のイメージのように単語ひとつひとつがとても重要で基礎から応用までたくさんの意味や使い方がある単語の学び方と、右側のひとつひとつが小さくて、単に意味を覚えていればいい程度の軽めの単語の学び方は変えないといけません。そのようなメリハリの根本的な境目が「100語とそれ以外」なのです。つまり基本語彙とそれ以外をしっかり分ける、分けたなりに勉強法も変える、ということです。

ベタな「単語学習」をさせない

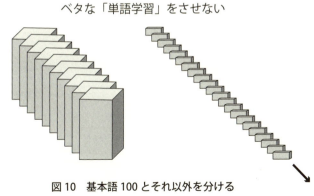

図10　基本語100とそれ以外を分ける

基本語彙は数が少ないけれども、ひとつひとつの情報量が多い。だから、しっかり時間をかけて、何度も戻ってきて深く学びます。そしてそれ以外の語彙は意味だけ知っていればよいもの、または基本語彙と一緒に使いこなしたい語に分けて、むしろ数多く、大量に覚えます。これが大事なことです。

　語彙学習の分野では、偶発的語彙学習（incidental vocabulary learning）と意図的語彙学習（intentional vocabulary learning）という区別があります。偶発的語彙学習とは、特に意図して学習しようとしているわけではなく、何か他の言語学習（あるいは言語を使った活動）の過程で、偶然にある語彙を学ぶ、ということです。最も良い例は多読です。多読で知らない単語にたくさん触れるうちにたまたま身につけるという現象があると言われています。日本でも多読を推奨する先生は多く、私も英語力の向上のために是非必要だと思いますが、語彙学習を多読だけでできるかといえば、研究成果を見る限り、少々疑問です。

　いろいろな研究を総合すると、多読によってある単語が頭に入るためには10〜20回程度出会う必要があり、それでもその単語のスペリングだとか意味のごく一部分しか頭に残らないことが多いのです。そしてその後、出会わなければかなりの確率で忘れてしまいます。Hill & Laufer（2003）

では、2,000語の獲得のためには約800万語に相当するテキスト（平均的な小説で約420冊）に触れる必要があると言っています。これは正直言って中高の現状のカリキュラムではどうやっても無理です。つまり、偶発的語彙学習だけでは語彙はなかなか身につかない、ということの証拠だと言ってよいでしょう。

　欧米には pleasure reading（勉強のためではなく、愉しみのためにする読書活動）を通しての、偶発的語彙学習を推奨する研究者も結構いますが、日本での状況はなかなか難しいです。いろいろな研究結果によると、日本での英語の触れ方では、偶発的語彙学習、つまりたまたまいっぱい触れているうちに語彙が身につくことは極めてまれです。したがって、意図的語彙学習が不可欠です。つまり、意図的に自分で計画してやらないといけません。英語教員が「こういう語彙をこう覚えなさい」と指導しなければ、生徒が語彙を身につけることは厳しいというのが現実なのです。

ある SELHi 校での話

　では、教材に出てくる新しい単語をどのように料理していくのかという具体的な話に移りましょう。

　これはある SELHi（スーパー・イングリッシュ・ランゲージ・ハイスクール）校での話です。私は SELHi のアドバ

イザーをしていて、あるとき研究授業に呼ばれました。その際に以下のようなテキストを用いて授業が行われていました。

> If the mosquito likes you, she lands on your skin very gently, and she breaks it with her proboscis tip. Proboscis tip? What's that? It's a kind of mouth and it is just under the mosquito's eyes. It contains six sharp instruments called stylets. She pushes all six stylets into your skin at once, and if she hits a blood vessel, she'll get a full dinner in about a minute. All this usually takes place so quickly and quietly that you may not have noticed anything was happening.
>
> *Vivid English English Course II New Edition* 第一学習社 p.60 より

これを読めば分かるとおり、高校2年生で触れる英語として、少し難しいと思われる単語がいくつか入っています。皆さんならばどのような指導を思い浮かべるでしょうか？

教科書本文を「語彙」の視点で見直す

上記のテキストの単語を、CEFR-J の語彙リストにそって分類し、一目で見て分かるように示すと、次のようになります。

If the mosquito likes you, she lands on your skin very gently, and she breaks it with her proboscis tip. Proboscis tip? What's that? It's a kind of mouth and it is just under the mosquito's eyes. It contains six sharp instruments called stylets. She pushes all six stylets into your skin at once, and if she hits a blood vessel, she'll get a full dinner in about a minute. All this usually takes place so quickly and quietly that you may not have noticed anything was happening.

無印：A1　→1,000 語レベル
下線：A2　→2,000 語レベル
破線：B　　→4,000 語レベル以下
■■■：C　　→1 万語レベル以下

　何も印のない単語が 1,000 語レベルです。下線をつけた単語が 2,000 語レベルです。破線を施した単語が 4,000 語レベル以下です。こうやってみると、proboscis, stylets という単語は、10,000 語レベル以下であることがわかります。本文を読んで、「恥ずかしい。知らない単語がある」と思った読者の方がいるかもしれません。しかし、全然恥ずかしいことではありません。私も、実は proboscis という単語を知らず、研究授業のときに「あの単語は何だろう？」と思

いました。このように高校の英語の教科書には、ときどき話題によって特定分野の非常に珍しい単語（つまり非常に頻度が低い語）が出てくることがあります。

膨大な語彙のどこに焦点を置くか？

この英文をどのように料理したらよいでしょうか。英語教員はこのテキストをどのように練習させたり解説したりするべきでしょうか。実際の研究授業では、このテキストを以下のような形式でパワーポイントに表示して練習させていました。

> (　　　)(　　　) is a kind of mouth and it is just under the mosquito's eyes.

これは空所補充問題です。このような問題がスクリーンに映し出されていて、空所を埋めさせるような口頭練習をさせていました。これは教科書本文中の英文です。空所にはproboscis tip が入ります。確かに後ろの部分の a kind of mouth 〜という説明を読めば、「あの単語だ」と思い出して入れることはできるかもしれません。実際、生徒たちは正答を答えていました。

この活動を否定するわけではありませんが、proboscisという単語は、大学英語教育学会が策定した基本語彙

8,000語(通称JACET8000)のランク外、おそらく大学入試問題にも出る可能性のほとんどない単語です。蚊(mosquito)に関するトピックの英文なので、たまたま教科書に出てきた単語だと言えるでしょう。ちなみに辞書を引くと三省堂の『ウィズダム英和辞典第3版』ではproboscisで「(チョウ・ガの)吻(ふん)」とあります。「吻」ってなんじゃ?という感じですね。つまり蝶や蛾の口先についている管のような部位のことなのですが、一般の英和を見てもほとんど解説などはなく、日本語の単語からして我々が一度も口にしたことがないような難解な語だったのです。

　研究授業全体の私の印象はとてもよいものでしたが、語彙指導の部分をもう少し見直した方がよいと思いました。研究授業の講評で、私は正直に言いました。「私はproboscis tipという表現を知りませんでした。でも、これはおそらくこの教科書でこのレッスンを取り上げたからたまたま出会った、という種類の単語だと思います。このような単語を再生できるように口頭練習させることは見直した方がよいです。身につけるべき語彙力のイメージを変えてはどうでしょうか」と提案しました。

「幹」と「枝葉」の単語の目利き

　そこで正しい「単語の目利き」とはどのようなものか、このテキストを使って考えてみましょう。英語の「幹」となる

基本 100 語、あるいは 1,000 語ぐらいまでの語彙レベルで使われる表現がテキストの中にどのように使われているかという視点で目利きをします。次の英文を見てください。

> If the mosquito likes you, she lands on your skin very gently, and she breaks it with her proboscis tip. Proboscis tip? What's that? It's a kind of mouth and it is just under the mosquito's eyes. It contains six sharp instruments called stylets. She pushes all six stylets into your skin at once, and if she hits a blood vessel, she'll get a full dinner in about a minute. All this usually takes place so quickly and quietly that you may not have noticed anything was happening.

　蚊の生態に関する内容自体はとても面白い文なのですが、蚊の部位に関する用語を習得することがこういったテキストの主眼であってはなりません。proboscis tip よりも、むしろ proboscis tip を説明している部分に注目すべき表現が隠れています。このレッスンを学習したときに大事なのは、蚊の専門用語を覚えることではなくて、蚊についての「専門用語を説明するための普通の英語」をマスターすることです。

> (　　　　)? What's that?
> —It's a kind of (　　　　) and it is (　　　　).
> —It contains (　　　　) called (　　　　).

　何かを最初の空所に与えて、What's that?と尋ねられたときに、このような文を使って説明できるような基礎英語力。これこそが語彙を発信的に使う時に威力を発揮します。そしてこのテキストはそれに関して素晴らしい素材を提供しているのです。

　例えば、空所にblood vessel（血管）を与えるとすると、どう説明したらよいでしょうか。

> (Blood vessel)? What's that?
> —It's a kind of (tube) and it is (in your body).
> —It (carries blood all around your body).

　相手が知らないことについてWhat's that?と尋ねたときに、こういう文を使って説明する練習をさせます。生徒がIt's a kind of tube and it is in your body. It carries blood all around your body.（それは一種の管で、人の体内にあります。それは身体中の血液を運びます）と説明できれば、すば

らしいことです。やさしい単語で blood vessel が説明できています。私は研究授業の講評で「蚊の部位の用語よりも、それを説明している平易で良質な表現がテキストにたくさん出てきています。それに注目して、難しいことをやさしい英語にしてパッと出てくるように、素材のテキストを料理してはどうでしょうか」と言いました。

例えば、こけし、たくあん、三味線など、日本の風物や文化を説明させたりする活動にも展開できるでしょう。

> *Kokeshi* [*Takuwan* / *Shamisen*]? What's that?
> —It's a kind of doll [food / musical instrument].

このような基本語彙の表現にフォーカスした練習を、ひとしきりリーディングを終えてから、英語だけのモードにしてたくさんやるのです。こういった基本語彙に戻った指導は非常に大事だと思います。proboscis tip を覚えるよりも、難しい内容を簡単な英語で言い切る、基礎的な地力をつけるような運用能力を養ってあげたいなと、研究授業を見て感じました。

研究授業の後で、この教科書会社の方が私の所に来て、少し興奮気味に「先生のいわれることは本当に目から鱗だった。私たちの教科書も使い方一つだと思いました。」と喜ん

でおられたのが印象的でした。

テキストに基本動詞の応用例を

ほかにもこのテキストを見ると、break, call, get など、基本100語に含まれる単語がいろいろな形で使われています。

> If the mosquito likes you, she lands on your skin very gently, and she breaks it with her proboscis tip. Proboscis tip? What's that? It's a kind of mouth and it is just under the mosquito's eyes. It contains six sharp instruments called stylets. She pushes all six stylets into your skin at once, and if she hits a blood vessel, she'll get a full dinner in about a minute. All this usually takes place so quickly and quietly that you may not have noticed anything was happening.

これらの基本動詞を、下線部の単語と一緒に覚えることも1つの方法です。例えば、take place（起こる、行われる）のように、基本動詞と周辺の語を組み合わせた慣用表現の練習をたくさん仕込むことができます（これらの「チャンク」指導法については第4章で詳しく述べます）。このような判断は、英語教員が先に示した語彙力のイメージをつか

んで、どんな語彙力をつけたらよいかという目利きができているか、ということにかかってくるわけです。

単語の「幹＋枝葉」をセットで覚える

単語を単独で覚えるのではなく、「幹」と「枝葉」をセットで覚えられるとよいでしょう。図6に示したように、100語や1,000語の単語は中央にあり、情報量もたくさんあります。周辺の2,000語や3,000語の情報量は少ないです。しかし、それらを個々にバラバラに覚えるのではなく、何度もいろんなところに出てくる基本語彙と周辺の「枝葉」の語彙をセットにして覚えると効果的です。

例えば、先ほどのテキストには、take place や notice が出ています。これらは高校初級レベルでは覚えておきたい表現です。従来の単語学習のイメージだと、take place＝「起こる、行われる」、notice＝「気づく」のように、つづりに対して意味を覚えてテストをして終わりです（図11）。

もちろん、英語教員の中には5、6個の例文を覚えさせる方もいるでしょう。もちろん受容語彙ならばそれで構いません。中学生は notice の意味を知っているだけでよいでしょう。

All this usually **takes place** so quickly and quietly that you may not have **noticed** anything was happening.

通常の単語学習のイメージ：

受容語彙ならばこれでよいが、発信語彙とするにはひと工夫が必要

図 11　単語は単独では存在しない

　ただ、高校3年生レベルで発信語彙としてこういった単語を使いたいとなると、創意工夫が必要です。図12を見てください。take place や notice がどんな語句と結びついて使われるかということに注目しましょう。take place ならば、何が「起きる」のかということです。いろんなものが take place します。皆さんは take place するものを10個くらいまとめて書けますか。これは英語力と関係があります。どんなものが take place するかという語感が大切で、take place だけ知っていても発信の面ではあまり意味がありません。こういった動詞を中心に、その主語・目的語、修飾する副詞や前置詞句などのパターンを、包括的にその語や句の「文法関係（grammatical relations）」といいます。ネイティブ・スピーカーは無意識にこういった文法関係の知識を頭に入れているわけです。

図12 「使いこなす」ための情報

　これらのことはコーパスを調べるとよく分かります。take place の主語を分析し、統計情報をもとに典型的なパターンを見つけて、生徒に練習させるとよいでしょう。これらの分析は難しいように見えますが、今は出来合いのツールを使ってある程度、先生方がご自分で資料を作ったりすることができるようになっています。

　図13に示したように、event（行事）、meeting（会議）、ceremony（儀式）などが take place の主語としてよく来ます。The discussion takes place.（議論が行われる）などは、日本人にはなかなか出てこない組み合わせではないでしょうか。この中には、レベルが少し高いものもありますが、このようなリストさえあれば、相性のよい語と語のかたまり＝チャンクで覚えさせた方が、応用が利くのです。

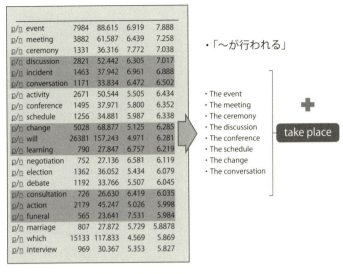

図13 「枝葉の語」＋take place

　ceremony, event のように「枝葉」になる単語と一緒に覚えることで「何が take place するか」というイメージが膨らむわけです。これらのことは、最近よく知られるようになってきたチャンクやフレーズ学（phraseology）にも通じています。人間はこういうチャンクの連想記憶を大量に頭に格納していて、適宜引っ張り出して使っていて、そのおかげで流暢さ（fluency）を確保している、というのです。

　同じことが notice にも言えます（図14）。notice と difference（違い、差）、change（変化）、problem（問題）をセットにして覚えておくと、「あっ、なるほど！『違い』に『気

づく』というようなことをよく言うんだなあ！」ということが分かり、語感が身についてきます。単純に notice を「気づく」と 1 対 1 で意味を暗記するだけでは、日本語の連想に頼ってしまって自然な英語がふっと出てきません。一緒に使ういくつかの「枝葉」の語とセットで覚えておくと、発信語彙として身につける上では効果的なのです。

notice	(verb)	
difference	2454	6.83
change	2094	5.43
something	1733	5.19
thing	1684	3.97
anything	1044	5.37
problem	748	3.46
effect	643	4.03
people	624	1.61
man	585	2.36
trend	538	5.88
increase	535	5.01
lot	532	4.16
sign	520	5.17
pattern	506	5.09
number	494	2.86
improvement	462	5.38
similarity	442	6.88
word	374	2.86
lack	369	5.28
time	354	0.9
way	329	1.65
fact	307	3.11
absence	292	5.75
woman	277	2.08
error	274	4.34

・「〜に気がつく」

notice ＋
- the difference
- the change
- the problem
- the effect
- the trend
- the sign
- the pattern

2,000 語レベルの「幹」の単語は太くなり、それと一緒に「枝葉」の単語を導入し、何度も出会わせる

図 14　notice ＋「枝葉の語」

接する量が乏しい日本の英語教科書

次に語彙指導の急所として、「接する英語の量を増やす」「接し方を多様にする」ということが挙げられます。

まず接する英語の量を増やすことが重要です。この必要性を説明するよい例として、日本の教科書はほかのアジアの国と比較して、どのくらいの厚さなのか、ご存じでしょうか。図15-1、図15-2を見てください。これは私が以前関わっていた科学研究費によるプロジェクトで行った、日本と韓国・台湾・中国との教科書比較の結果です。注意していただきたいのは、この教科書分析を行ったのは、現行の学習指導要領の前の時期で、英語教科書もその時点でのものだという点です。実際に調べてみると、日本の中学校の教科

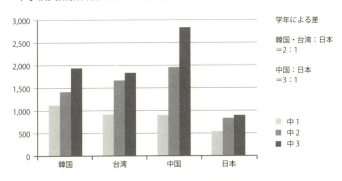

図15-1　日本とアジア地域の英語教科書比較

書は非常に分量が少ないことが分かります。旧学習指導要領の教科書では、異なり語が韓国・台湾・中国の教科書に比べて、2分の1～3分の1の量です。教科書の本文の分量では、3年間で何と韓国・台湾の3分の1、中国に至っては6分の1しかありません。

隣国・地域では小学校から英語を導入しているので、それが圧倒的な英語に接する量の差を生み出している、ということがわかります。実際、日本の中学校レベルの英語（だいたい1,000語程度の語彙量）は、中国、韓国、台湾では小学校ですでに導入済みです。そして中学1年の教科書では、面白いことにこの1,000語をあまり超えないレベルの語彙で1年間教科書の活動が作られています。つまり、小

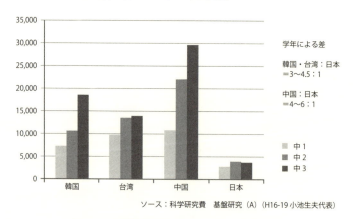

図15-2　日本とアジア地域の英語教科書比較

学校で習った英語を再度、中学1年で復習しながら使わせるような活動を充実させているわけです。そして中学2、3年生でグッと難しくなり、中3レベルで2,500語（日本の高校2年程度）の語彙レベルまで引き上げているのです。

教科書は中国が特に分厚く、とてもこの分量を訳読では終われません。リーディングもざーっと読んで大意をとる、というパターンでこなしていき、内容理解もほとんど英語で行われます。教科書の分量が多いことで、指導法にも否応なく英語をまとまって読んで大意をとる、といった実践的リーディング力が求められているのです。

日本の教科書は現行学習指導要領の「コミュニケーション英語Ⅰ」では中学校の教科書の増量を受けて、かなり内容は手厚くなってきています。私は中学校の検定教科書を見ましたが、今回の改訂でかなり分厚くなりました。英語教員はそれらの教科書をプラス1時間でどう料理するでしょうか。

私は接する量が増えるのはよいことだと思います。しかし、量が増えても教え方が変わらないのでは問題です。なぜなら、教え方を変えないと量をカバーできないからです。つまり一文一文読んで訳しているような教え方だけではダメ、ということです。中国のように、英語教員は量をカバー

できるような教え方を考えなければなりません。

　図16は同じプロジェクトで調査した高等学校の教科書の比較結果を示しています。高等学校の教科書は、量的には韓国とほぼ同じくらいです。語彙量もかなり多いことが分かります。ただ、単語数は増えているわりに、テキスト分量ではやはり中国・台湾の半分から3分の1の量です。

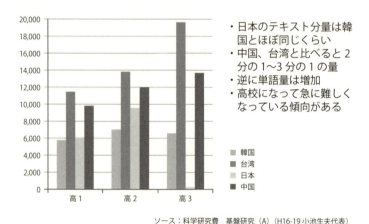

ソース：科学研究費　基盤研究（A）（H16-19 小池生夫代表）

図16　日本とアジア地域の高等学校英語教科書比較

　もっと深刻なのは、日本の高校教科書の作りです。語彙レベルは韓国並みに高くしているのに、テキスト分量が足りないため、図17でわかるように、基本1,000語レベルの基礎単語が教科書に実際に出てくる割合が中国・台湾・韓国の教科書が84〜96%なのに比べて極端に低いのです

BNC 頻度ランク	使用単語	韓国	日本	中国	台湾
1,000	972	89.81%	77.98%	84.16%	96.71%
2,000	863	63.73%	45.54%	52.72%	87.02%
3,000	656	43.14%	24.70%	32.01%	76.98%
4,000	454	37.67%	16.96%	23.57%	68.94%
5,000	342	35.96%	19.30%	14.91%	69.30%
6,000	250	30.40%	14.40%	18.40%	66.80%
7,000	150	33.33%	8.00%	16.00%	63.33%
8,000	129	28.68%	10.08%	9.30%	69.77%
9,000	93	30.11%	10.75%	10.75%	70.97%
10,000	70	27.14%	12.86%	15.71%	62.86%

図17 高校教科書に見る基本語彙に触れる割合

(77.98%)。これは教科書で扱う本文のテキスト量が少ないことにより、その分基本語がまんべんなく出てくるような「余裕」がない、非常に窮屈な作り方になっているということを示しています。

　要約すると、旧指導要領での日本の中学校の教科書は薄く、高等学校の教科書では無理矢理一定の語彙レベルに到達させようとして、少ない分量のテキストに詰め込みすぎ、という感じです。これでは、一部の能力の高い生徒しかこなせず、ほとんどの生徒はあまり力をつけずに大学へ進学してしまうでしょう。中学の少ない分量の英語で身につけた、か弱い英語の素地と高校の少ない分量に詰め込む感じの教科書作りのギャップがあまりに大きいからです。もちろん一部の生徒はこのギャップを他の手段で埋めています。塾

や予備校、問題集をたくさんやる、など「接する量」を確保しているのです。しかし大多数の生徒は、あまり基礎力がないまま高校に行き、急に難しくなった教科書についていけずに、わかったような、わからないような英語の説明を丸暗記して定期考査を受ける、そんな感じで高校でも英語力が伸びずに失敗し、大学に行っても実力的には中学校の英語がよくわかっていない、という学生を大量に生産しているのが現状なのです。

　上記の分析は、平成20年5月16日に文科省の教育再生懇談会（福田内閣時代）で当時明海大学の小池生夫先生と一緒に発表し、福田総理も日本の英語教科書と他国の教科書の分量の差に驚いていたそうです。その後、これらの知見は現行指導要領改訂に反映され、英語は中学校で週1時間増加、それにともなって中学の語彙量は900語から1,200語に増加しました。高校は標準3,000語となりました。実際に中学の教科書は分厚くなり、語彙量も増加しました。しかし、語彙分析を進めると、各教科書会社が中学で教えるべき語彙、発信語彙と受容語彙の区別、などに関して、ほとんど明確なイメージもないまま、きわめて恣意的な語彙選定をしている、という現状が浮き彫りになってきました。それだけでなく、中学では1,200語あるとすると、だいたいそのうちの700語くらいを活用語彙、残りは受容語彙、というのが語彙力のモデル的には妥当だと思います。そして、そ

の700語ができるだけコーパス分析の中核になる2,000語の単語から成り立っていて欲しいのですが、中学の教科書1種類で最重要の1,000語をカバーするのはなかなかないのが実態です。

つまり、中学教科書の作成現場にも、上記のような語彙力の構造モデル（幹と枝葉の語彙）を明確に示し、それらがテキストとタスクに組み込まれることをできるだけ保証してあげる教科書作りが求められているということです。

外国語学習に必要な時間数

外国語に接する量に関して、興味深い資料があります。Foreign Service Institute（FSI：米国国務省内の外国語研修を担当する機関）が英語の母語話者が外国語を習うのに要する時間をまとめたものです（図18）。最も短時間（23、24週、600時間）で習得できるものが、オランダ語、フランス語、イタリア語、スペイン語など。これに対して、なんと3倍以上の時間（2,200時間）かかるものとして、日本語、中国語、韓国語が挙げられています。

これを逆の立場から英語学習にあてはめると、日本人、中国人、韓国人が英語を勉強して身につけるのは、フランス人やドイツ人が英語を身につけるのに比べて、3〜4倍も時間がかかるということが言えます。中国や韓国はその現実を

習得時間	言語
600時間	アフリカーンス語、デンマーク語、オランダ語、フランス語、イタリア語、ノルウェー語、ポルトガル語、ルーマニア語、スペイン語、スウェーデン語
750時間	ドイツ語
900時間	インドネシア語、マレーシア語、スワヒリ語
1,100時間	チェコ語、フィンランド語、ギリシア語、ペルシャ語、ロシア語、ポーランド語、トルコ語、ウルドゥー語など
2,200時間	アラビア語、中国語、韓国語、日本語

図18　英語に接する量の問題

わかっていて、時間やお金をたくさんかけて、英語の学習量を大量にこなそうとしているのに、日本だけが英語に接する量が非常に少ないというのが現状でした。またこういう現状を一般の英語教員があまりわかっていないのもまた悲しいかな、事実なのです。

　文部科学省もいろいろ工夫をする一環として、小学校で英語活動を始めたのだと思います。そして週に1回の素地を作る活動で評価はしない、スキルとして身につかなくてもいい、というスタンスですと、正直なかなか英語力を上乗せする「計算」ができません。バラバラの指導方法や指導内容のまま、何が英語力の根幹か、指針も示されずほとんど手探りのまま何年も進めていたら、うまく行くものも行かなくなってしまうかも知れません。そこで「英語教育改革」の

試案の中で、小学校3、4年の「活動」、5、6年の「教科化」を打ち出したわけです。

　一方で、中学・高校の授業の変革、そして上乗せ部分の大学での英語教育を変えることも必要です。高等教育の英語の教え方が変わらなければ、出口管理ができません。中国では大学の2年次と卒業時に、一般の学部生はCollege English Test（CET）、英語専攻の学生はTest for English Majors（TEM）という全国共通の英語能力試験を受けます。卒業までにそれぞれ級による証明を受けます。それらの証明をもとに就職活動をするのです。テストの内容には一部批判もありますが、日本の大学ではこういった出口管理は一切ありません。TOEICなどが就職の際には参考にされますが、大学入試センター試験などと同様、よい意味での学習の進捗管理をテストによって行い、ある程度きちんと教えたことが身についているかを確認する必要があると思います。いずれにせよ、そういうシステムがない日本は、量も少ない上に、上乗せするシステムも弱い、全体にあまり効率の良い英語教育とは言えないのが現状です。

日本人の英語力の典型パターン

　図19はこのような日本人の英語力の典型的パターンを図示したものです。正しい英語力は、真ん中（＝「幹」の単語とその使う力）が学習時間と共にどんどん上に伸びていっ

正しい英語力の発達

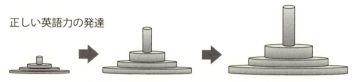

コアの単語の使用は「深く」なり、全体の語彙サイズは「広く」なるべき

日本人の英語力の典型的パターン

全体の語彙サイズは若干大きくなっていくがコアの単語の使用は浅いまま。
これでは使えるようになかなかならない…。

図19　量が少ないから英語の全体像がつかめない

て、裾野（＝「枝葉」の単語）がどんどん数が増えて広がっていくべきなのです。しかし、日本人の英語力は裾野も広がりが少なく、背も伸びない（＝幹の単語が使える力がついていない）感じです。核になる英語の力がきちんとできていないから、基本語彙があまり使えず、なかなか強くたくましい木に育ちません。何とかするためには、本当に英語力をつけるための効率よい学習をしっかり時間をとって一定量やらないとダメなのです。

自分で語彙学習ストラテジーを選び取る

　中学校では英語が週4時間になり、教科書のテキストの量が増えました。分量が増えて、先生が内容をざっとつかむような読ませ方や、読んだ内容を使ってより4技能を統合した言語活動をするようなことが求められています。

そんな時こそ、まさに生徒が自分で調べる力、勉強の仕方を自分で考えて工夫する力が大事になってきます。語彙学習のいろいろな方法（広く「語彙学習ストラテジー」といえます）を試し、選んでいかなければなりません。英語教員はいろいろな勉強の方法を紹介して、それを生徒に試させて、生徒自らが自分にあったストラテジーをつかみとっていくように自学自習の力を育てなければなりません（図20）。その1つの要になるのが「辞書指導」です。次の章ではこの辞書指導を中心に、語彙学習法と辞書をどうからめるか、お話ししましょう。

自学自習の力を育てる

- 接する量が少ない　→　3時間が4時間に
- テキスト量は増加　→　ますます大変に
- 自分で「調べる」力、「勉強の仕方を工夫する」力を育ててあげる　→　結局は近道になる
- 辞書指導　→　最も重要な「自学自習」スキルの1つ
- 学習ストラテジー　→　最適なものを選ばせる

図20　自分で語彙学習ストラテジーを試し選んでいく

コラム 私の英語との格闘 2

英語は伸び悩みの高校初期

英語に関しては、普通の公立中学に行きましたが、3年間教わったS先生という女の先生は導入期の指導は大変上手で、英語の練習と日本語での説明のバランスもとてもよく、S先生のおかげで私は英語に関してはスムーズに基礎を築くことができました。この先生は僕のようなわりと成績のいい子はあまり褒めずに、成績の悪い落ちこぼれを熱心に指導しました。放課後に居残りの個別指導をしたりして、中2くらいからは私は時々S先生に頼まれて居残りのクラスメートを教えたりしました。中3で担任の理科の先生が4をくれた以外は全教科オール5の成績だった私は、何とか希望の東京都立日比谷高校に入学できました。1977年のことです。

都立日比谷高校に入学してからは、突然英語が難しくなりました。部活は合唱部に入ったため、入部してから合唱に夢中になりました。収集癖も日本の混声合唱の楽譜とレコード集めが加わり、ほぼ2年間はクラブに明け暮れました。成績は中くらいだったと思います。ところが、2年の最後に実力模試があり、400人中300位近くで下から3分の1くらいまで落ちてしまい現役合格は危ういかも、と担任に言われました。

奇跡の添削指導者

　2年の終わりから、某有名通信添削の「○会」を受講し始めました。しかし、最初の数ヶ月はまったく歯が立たず、添削問題もやり残して期日までに終わりませんでした。それでもだんだんクラブも後輩にバトンタッチして時間ができてきて、答案も埋められるようになってきました。その頃でした。添削指導者が代わったのは。

　その添削指導者は、私の答案に関して必ず辞典を引っぱってきて「『研究社英和中辞典』の○○を見よ」と辞書項目が参照してありました。たいてい誤訳や、文法のミスの指摘です。そこで私も奮起して次の添削の時には『研究社英和中辞典』を見ながら訳をつくり、少し悩んだところには欄外に「研究社英和中の○○を見た」と書いておくのです。

　するとその添削指導者は「ダメ。『カレッジクラウン英和辞典』の例文を見よ」などと別の辞書が参照してあります。癪に障った私は『カレッジクラウン英和』を買ってきてそれも並べて問題を解くようになりました。『研究社英和中』に比べると『カレッジクラウン英和』は分厚く、例文が圧倒的に多く、文法解説は少なめで例文から用法を読み取らせるような辞書でした。「ほう、こんなに辞書でも内容が違うもんか…」そう思った自分は辞典に徐々に興味を持ち始めました。

添削指導者はさらに、長文の和文英訳では『クラウン和英辞典』をよく参照してきました。山田和男編纂のこの辞典は時事英語などからの独自の用例収集で非常に"斬れる"句例などが豊富に載っていた素晴らしい辞典でした。自分の机の上にはしばらくすると4、5冊の英和・和英が並ぶようになり、それをもとに添削を仕上げる時間も最初の片手間の2〜3時間から、辞書を首っ引きで完全回答を作ることに精力を注いで、5〜6時間はかけるようになりました。

　そうこうしているうちに、その添削指導者はある日、「君もだいぶ辞書を使いこなせるようになったから、英英辞典を買いなさい。ロングマンから最近でた新しいのがよい。」とメモ欄に書いてきました。これが1978年に初版が出たロングマン英英辞典（*Longman Dictionary of Contemporary English*（通称 *LDOCE*））でした。*LDOCE* を書店で見た自分は、本当にその定義のわかりやすさに驚嘆しました。「これなら自分にもわかる！」高校3年の私はその時に、英語は英語で入れる、という部分を意識し始めたのです。

　当時、出版されたばかりの *LDOCE* をこんなに早期に勧めてくれたこの添削指導者は、とんでもない実力を持った人だったと今さらながらに思うのです。彼のおかげで、自分は英語と格闘する時間を十分に確保し、その中で非常に大事な英語の文章をしっかり読み抜き、辞書を使って不明な

点をできるだけ明らかにするスキルをたたき込まれたのです。私にとって、研究の恩人は金谷憲先生ですが、英語学習の恩人としてこの無名の添削指導者を挙げたい。彼の指導のおかげで高校3年の夏はものすごい英語猛特訓の夏となり、私は都立日比谷の高3秋の実力模試で英語学年1位に躍り出るのです。(つづく)

03 | 「辞書」を使って語彙学習をガイドする

「辞書指導」とその方法

　平成24年から中学、平成25年から高校で実施された新学習指導要領は中学でも高等学校でも辞書指導についてきちんと位置づけるようになりました。中学では配慮事項として「辞書の使い方に慣れ、活用できるようにすること」とあり、義務教育課が平成20年7月に公表した「改訂のポイント」の中では、「3学年間を通して適宜辞書を活用させることが大切である」とあります。また高等学校ではさらに踏み込んで、自律学習への備えとして辞書指導が重要であることが明記されています。大変結構なことです。そのせいか、以前よりも語彙・辞書指導に対して関心を持つ先生も増えてきました。私は常々、中学生の辞書指導は1年生から継続的に行った方がよいと言っています。

　私の恩師の東京学芸大学名誉教授の羽鳥博愛先生は、辞書指導は論理性の発達が関係しているので中学3年くらいからがよい、と主張されています（羽鳥1977）。確かに

辞書の情報を、その約束事を理解して読み解き、適切な使い方ができるには、相当の論理的思考が必要だと思います。ただ、最近の小学校での国語教育における辞書引き運動などを見ますと、辞書で知らない言葉をどんどん引かせる「調べ学習」という意味では年齢が低くても興味をもってやるようです。またプロセスする情報があまり複雑でないレベルの事柄に限定すれば、小学校や中学校初期でも十分に使ってみることができます。

　実際、私が学生時代にバイトをしていた英語塾では、驚くような英語学習法が行われていました。対象は中高が中心ですが、まったく英語を知らない小学生もいました。その小学生も含めて、最初にやるのが、70歳を越えられた塾長が1、2回英語の仕組みに関する授業をするのです。大ざっぱに英語が日本語とどう違うかを説明します。そして簡単な英文をもとに辞書の引き方をざっと教えるのです。

　それからなにをするかというと、全員がいきなり「白雪姫」とか「ジャックと豆の木」みたいな易しい英語で書かれたGraded Readersをまるごと1冊与えられて、中学生用英和辞典を使って日本語訳を作る、という作業をさせるのです。まったく英語をやったことのない子達なのに、です。私も半信半疑だったのですが、子供達はものすごい集中力で辞書を引き、ひとつひとつの単語の意味から日本語を推

測して、どんどん日本語の訳をノートに書いていくのです。

その方法で早い子で1週間から10日ほどで1冊訳してしまうとまた別のリーダーを与え、というのを次々とやって、1年終わった頃には中学生だったら20冊、小学生でも10冊近く訳し終える生徒もいるほどでした。そのような子は、辞書引きが早いだけでなく、だんだんと辞書を引かなくても訳せるようになっていき、英語は一番の得意科目になっているのでした。会話中心とは真逆の方法で、ある意味時代がかってはいるのですが、この塾の独自のメソッドは私のもうひとりの恩師である金谷憲先生（東京学芸大学名誉教授）もご自身で体験されて絶賛しており、学習段階の初期から内容の伴った大量の英語インプットに触れさせる重要性を考えさせてくれる好例でした。

こういう姿を見てきましたから、私はできるだけ早い時期から、系統的に辞書を引かせる方がよい、と考えています。おそらくそのための一番のハードルは、辞書を読むためにはある程度英語の文法や仕組みがわかっていた方がよく、そのような英語そのものの学習プロセス的に見て初期の辞書引きは負荷が高い、ということも羽鳥先生が中学3年まで待てと言われた理由だったのだろうと思います。このために、初期の頃の辞書引きに関しては、できるだけテキストの中でどの単語を引かせるかを先生が決めておいてあ

げて、辞書のどういった情報を上手に取り出すのかを実際の例で導いてあげるといいでしょう。同時に、まったくランダムに 10 個の単語をできるだけ早く引いて見出し語まで達する、というようなタスクが「辞書に慣れる」という点でいいでしょう。そして、あまり意味がはっきりせず、辞書情報を理解するのに一定の論理的思考を要するような、機能語類を引かせることは早めの段階では避けた方がいいかもしれません。もちろん日本語と英語の違いを考えさせるというような意図で、ちゃんと計画した上で引かせるタスクであればたまにやってみるのもいいとは思いますが。

　以上のようなことを踏まえて実際の英語授業をふり返ると、辞書指導は最初にお印のように 1 時間ぐらい何かひとしきり説明してちょっと引く練習をさせ、あとは次の時間からはまったく何もしない、ということがよくあるのではないでしょうか。そのような辞書指導では、生徒が辞書を引くようにはなりません。辞書指導はむしろ短時間でも毎回何か辞書を使う機会を与えた方がいいです。1 つの理由は辞書を自分のそばにいつも置いておくクセをつけることです。最初に辞書指導しても、その後引いたり引かなかったりだと、生徒は辞典を持ってこなくてもよいと思って、すぐに持ってくるのをやめます。持ってこなければ、辞書指導は持ってきている子ときていない子の間に効果の差が出てきてしまうため、教師もだんだん力を入れなくなります。そうし

て、辞書を引く習慣もスキルも身につかないまま、辞書は不要で、先生が意味を言ってあげるとか、教科書の後ろのグロッサリーを見ればいい、という考えが定着します。これを避けるためにも、1時間の授業で必ず1か所引かせる、ということを英語教員は工夫するべきです。

　ついでにいえば、辞書を学校で購入して一斉指導の際にいちいち配布して使っているところがありますが、決して悪いことではないけれども、本当は、辞書は自分のものを持っていると愛着が湧くのです。それだけでなく、学校で引き方を習ったら、家でも引かせる工夫をしないといけません。その時にできれば同じ辞書を持っていた方がいいわけです。辞書を統一するのは難しい場合もありますが、本格的な辞書指導のためには、最初の「クセ」をつける部分が肝心です。そのために、なるべく辞書を買う時には学校や先生が配慮して、系統的な辞書指導をイメージして購入するものを決めたいものです。

辞書で勉強法を判断する①
―「単語の目利き」をさせる

　さて、辞書指導を定着させたい時に、どのような辞書引きのスキルを念頭に置いて指導したらよいでしょうか（図21）。

- **教科書で出会った単語**
  → 先生が意味を全部言ってしまわない。
- **1時間に必ず1か所は辞書を引かせる**
  (辞書指導を1時間やっておしまい、という風にしない)
- **やること1　「単語の目利き」をさせる：**
  1. 新出単語が「使いこなすべき単語」か「意味を知っていればいい単語」か「忘れてもいい単語」か、を辞書から自分で判断できるようにする。
  2. 「使いこなすべき単語」であれば付箋を貼る or 「単語研究ノート」にページを設ける（例：フォーカスページならば見開き4ページ、その他は1,000語レベルならば1〜2ページ、2,000語レベルであれば1/2〜1ページ）。
  3. 「意味を知っていればいい単語」であれば「単語カード」に英語〜日本語で書く。

図21　辞書指導のツボ（1）

　まず、辞書を引いたときに、生徒自身に「単語の目利き」をさせることが大切です。新しい単語は、使いこなしまで覚える単語か、意味だけを覚えればよい単語かを自分で判断できるようにさせます。中学校の教科書の後ろのグロッサリーではこういった重要度の情報はあまりよくわかりません。

中学校レベルだとどれも重要だということになりやすいですが、実際は中学校でも3年生くらいの本文ではトピック依存の2,000語レベル以下の語彙がでてきます。

　生徒が『エースクラウン英和辞典』を使えば、この判断を自分でできます。『エースクラウン英和辞典』では主見出し部分に、一番よく使う100語、次に重要な2,000語、そして「枝葉」の5,000語、という区切りで見出し語を見やすく整理しています。これが第2版では、新たにCEFR-J Wordlist（ヨーロッパ言語共通参照枠に準拠した語彙表）のレベルで、A1、A2で約2,300語、B1レベルでおよそ4,500語という目安に変わっています。このように、辞典をチェックすることでその単語がどのくらいの重要度かが一目でわかるようになっています。もちろんこれに類する重要度表示は、他の辞書でもついているので、第1章で説明した単語の持つ頻度のメリハリのポイントを参考にして自分で語彙レベルを判定すればいいわけです。（もっとも、辞書によって頻度レベルがかなり古い資料に拠っているものもあるので信頼性については注意が必要です。）

　そして、毎回の授業の中で必ずテキスト中の単語を1回くらいは辞書で引かせるわけですが、その際にその単語の重要度を見出し語のランキング情報で判断する方法を教えます。もし今後使いこなしが必要な重要単語であるならば、

繰り返し出会う度に意味や使い方を覚えていけるように、その単語に品詞別に色分けした付箋（例：動詞なら赤、名詞なら白、など）を貼るなどして、「使えるようになる単語」であることを意識させます。その単語を次に引く場合には、毎回引く度に用法チェックが必要な単語、という意識づけをしておきます。

　そして、使いこなすべき単語は、自分で整理させる方法を教えたいです。私は意欲のある子に、よく「単語研究ノート」を勧めています。例えば、『エースクラウン英和辞典』のフォーカスページ（最重要100語弱のうち、情報量の多い58語に設けた見開きの特別解説ページ）に記載されている単語ならば、ノートで見開き4ページ分くらいスペースを割くように言います。それ以外の1,000語レベルの単語ならば中学生ならば1ページ、高校生ならば2ページくらい、2,000語レベルの単語ならば中学生は2分の1ページ（高校生は1ページ）くらいの余白を作らせます。単語を調べたときは、まず語彙レベルを辞書でチェックさせ、重要度に応じてこの「研究ノート」を開かせて、その単語のページに行き（あるいは初めてならばページを作らせて）、習った新しい意味を日付とともに色ペンか何かできれいに辞書から写させて、その下にテキストや問題集で出会った例文を書き取らせて、日本語訳もちゃんとつけます。中学レベルでは辞書の重要単語の意味にマーカーを引かせ、出会った日の

日付を書いて付箋をしておきます。高校ならばもう少しレベルを上げて、該当する新しく出会った意味・用法の、その他の例が辞書に載っていればそれを筆写し、なければ2、3冊別の同種の辞書に載っていないか調べるような課題を課してもいいです。高校ではこのように、数冊の辞書を見させることで、辞書に載っている情報の違いに気づかせ、辞書の特徴を比較してわからせ、知りたい情報によってわかるまで調べさせ、辞書を賢く選択することで答えに自力で行き着けるような学習のスキルを習得させた方がよいのです。

　このような工夫は通例のコミュニケーション活動に比べると、旧態依然の"ベタな"感じですが、実は非常に大事な語学習得の基盤を作ります。最初から英語の学習に意欲がない子供はほとんどいません。最初は新しい科目として興味を持って始めるのに、英語を学習するうちに、だんだん意欲を失ってしまいます。中学生の場合は、2年生の夏休みぐらいでやる気を失う生徒が多いのではないでしょうか。なぜでしょうか？それは、だいたいが教師の一方的な説明中心の授業が下手で退屈に感じるからです。また、進み具合が速すぎて理解が不十分なまま先に進んだりして、「分からない→つまらない」となるのです。もちろん、ほかにもいろんな要因が考えられます。しかし、「勉強の仕方」が分からないからつまらないという子供がとても多いのです。そのためにも、英語教員は、学習の初期段階から生徒達が自分で単語の意味を調べられる辞書引きスキルを学習ストラテジー

の一環として導入すべきです。そして、そういうストラテジーを身につけられるように自分の教え方を工夫し、生徒と一緒に勉強の仕方をやって見せてあげる必要があります。先生の説明がわからなくても、あるいは授業にちょっとついていけなくても、自分で辞書を引けば何とかなる、と思わせれば大きな自信になります。そういうスキルを早くから育てることで、生徒は「言葉はこうして学べばいいのだ」という感覚を身につけさせていきます。もちろんこれらに発音練習や音声面のドリルなど基礎訓練が必要なのは言うまでもありません。

　さて、発信語彙ではなく、意味だけを覚えればよい単語は、どうすればよいでしょうか。それらの単語は、「単語カード」にします。図 22 を使って整理しましょう。

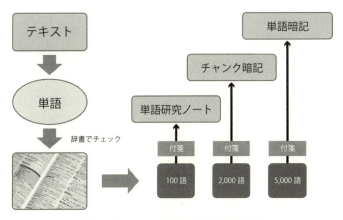

図 22　テキストの単語の選択と学習方法

テキストがあって、英語教員が単語を指定し、調べるように指示します。もし辞書でチェックしたものが100語の単語ならば、「単語研究ノート」にがっちりまとめさせます。高校ではできる生徒には2,000語レベルくらいまでをこの「研究ノート」でやらせてもいいのですが、普通の生徒の場合にはあまり長続きしないかも知れません。そこで100語以下の単語は以下のように「まずは意味を覚える単語」とわりきって、単語カードで覚えさせます。

　もし2,000語レベルだったならば、それはできるだけ活用したい単語になります。中学レベルでは最初は[英語]-[日本語]で単語カードだけでもいいですが、高校レベルではチャンクで暗記させるために単語カードにチャンク：[英語]-[日本語]で書かせます。この際に、『エースクラウン英和辞典』などの用例の重要チャンク、または次章で紹介する『クラウン チャンクで英単語』を活用して、うまく単語カードで覚えられるようにするといいです。そして、2,000語レベル以下5,000語程度までは、単語を見て日本語の意味が出るように、意味だけ覚えさせればよいでしょう。このように、英語教員が語彙レベルをもとに、どんな語彙力をつければよいかを仕切り、その語彙力をつけるために必要な練習の仕方を教えて、生徒に「試させる」ということです。実際に「試させる」ことによって、生徒に「あっ、このやり方は自分に向いている」「これは自分に向いていない」と考えさ

せます。つまり、生徒がストラテジーを選択していけるように、いろいろな機会を与えることこそ大事なのです。この練習方法については後で解説します。

辞書で勉強法を判断する②
―辞書の見出し語以下の情報

さて、最初は単語を素早く引かせる訓練をして、単語の意味をぱっと探せるようなトレーニングだけでいいのですが、辞書をどんどん引きこなせるようになるには、辞書の見出し語以下にどんな情報があるのか、に関しての知識がだんだんついてくる必要があります。辞書引きのスキルとして、是非とも教えたいポイントとして図23にまとめてみました。

実際、辞書の見出し語以下の情報には、いろいろなものがあります。最も頻繁に検索されるのは当然「単語の意味」です。これは番号が振ってあって、必ずしも1番目の意味が正しいとは限らない、ということを具体的な例で示してあげると良いと思います。語義の1、2、3番目などを、他の情報を飛ばしてざーっと斜め読みするようなスキルを教えてやります。そうすると、生徒はかなり上手にまず全体を眺めて、一番合いそうな意味を探してくることもだんだんできるようになります。時々、教科書の中で1番目の意味でない場合があったら、そういうものを全員で引く単語に指

> - やること2　辞書の見出し語以下の情報に気づかせる：
>
>   動　詞：後ろにくる構造
>   → 中学2年くらいから自分で整理させる。
>
>   前置詞：多義
>   → フォーカスページの意味マップで用法を確認する。
>
>   名　詞：数えられる・数えられない名詞の情報
>
> - 特にフォーカスページの単語は、中高6年間でできるだけ「使いこなせる」レベルまで引き上げたい
>   → 通年の授業の中でも特別扱いして、繰り返し触れる。

図23　辞書指導のツボ（2）

定して、実際に辞書で1番目、2番目などを探させる作業を入れます。こうすることで、だんだんと辞書の最初だけを見て終わらせる、安易なクセをつけないようにします。

　単語を引いたら、品詞情報に注目させます。どんな文にも文のパターンを決める「動詞」があって、その動詞の主語（主部）と動詞以下の要素（述部）に別れることを説明します。このへんの説明は英語だとかえって生徒に伝わりにくくなりますので、堂々と日本語でやりましょう。その後、新しい単語を引いたら「品詞」に注目させ、少なくとも「動詞」、「名

詞・代名詞」、「形容詞」、「副詞」、「接続詞」、「前置詞」くらいはその役割を徐々に気づかせたいものです。

　単語を引かせて、品詞別に大きな仕分けをしたならば、まず動詞でしたら後ろの構造(いわゆる動詞パターン、動詞補部、動詞の下位(範疇化)構造といわれるもの)に注意を向けさせたいです。例えば、不定詞やing形が続く動詞を、中学2年生ぐらいから自分で整理させた方がよいでしょう。英語教員が生徒に「今日のこのwantの使い方は何？」と問いかけるなどして整理させたいです。そのようなことを最重要動詞20個くらいに関しては「単語研究ノート」に整理させていきます。

　前置詞は多義語なので、『エースクラウン英和辞典』の「フォーカスページ」が役に立つでしょう。フォーカスページには、いろいろな前置詞の「イメージ図」が載っています。前置詞の持つコアイメージとそれから派生するさまざまな意味をマッピングしたものです。イメージ図を確認させて、「今日のこの意味はイメージ的にはコレだな！」と振り返らせます。特に重要なin, on, atなどの前置詞では、もともとのイメージを確認し、生徒にそこから時間や空間などにそのイメージを拡大させてあげ、そのイメージから前置詞の特徴をつかむように、少し時間をとって整理させるということを一緒にしてあげます。そしてその用法の用例を黒板

に整理して、「単語研究ノート」に筆写させて、何度もリピーティングなどをやって覚えるように勧めます。

　名詞に関しては、最初に気づかせたいのは「数えられる名詞」(可算名詞)と「数えられない名詞」(不可算名詞)があることです。それは辞書の [C]、[U] という表示を見れば区別がつきます。冠詞や数詞の使い方は日本語には対応する形式がないため最初は難しいかも知れませんが、とにかく数えられる場合は複数形で -s がつく、などの規則の理解には加算・不可算の区別がつくことが辞典の大切な基礎知識です。

　あとは自分で宿題をしたり、入試問題を解いたり、副読本を読んだりするようなときに、英文で新しい単語に出会ったら、必ず上記のようなステップを踏んで、辞書のランク情報を見て、重要度をチェックし、それに応じた勉強法を決定するとよいでしょう。

　研修会でこのお話をしたところ、ある私立中高一貫校の先生が『エースクラウン英和辞典』を中学から使うことに決めて、最初の1、2ヶ月でとにかくたくさんの単語の辞書引きタスクをやらせました。しばらくすると、授業中「この単語を引いて」というと、全員がぱっと引いて手を挙げます。「意味は？」と言って確認して、少し辞書の意味とテキスト

の意味がこなれた日本語になるには手直しも必要なことを示します。その後、いきなり「これは覚えなきゃダメな単語かな?」と聞くと、単語によって生徒は「これは単語研究ノートに取ります。」「これは意味を覚えるために単語カードを作ります。」などと戦略をシェアしてくれます。そういうものが出てこないマイナーな単語については、先生が一刀両断します。「この単語は忘れてもいい。もう一度出てきたら、また引こう。」

「先生の講演を聴いて、教科書にでてきた単語は何でもすべて覚えさせないとダメだという強迫観念がなくなり、自信をもって単語学習の方法を生徒にアドバイスできるようになりました。」その先生はそのように仰っていました。「この単語は忘れてもいい。次に出てきたらもう1回引きなさい。」この言葉が、生徒に「この先生は英語力をつけるコツを知っている」と先生への信頼を呼び起こすのです。英語学習で何が勉強する上での優先順位か、しっかりと英語力の目利きのできる教師を生徒は信じます。

幹の「100語」——フォーカスページの活用

図24を見ると分かるように、『エースクラウン英和辞典』(第2版。以下省略)の、100語の基本語を重点的にカバーするフォーカスページは非常に情報量が多いです。

フォーカスページには高校3年生までにカバーする内容のエッセンスが載っているので、一度に全部やろうとするのではなく、教員が事前に高校3年間で扱いたい項目に仕分けをしておいて、教科書の中で基礎語彙がどのように使われているか目利きをして、回数を分けて基礎語彙に何度も戻ってくるタイミングをレッスンであらかじめ決めておく、という方針がよいです。先ほどの繰り返しになりますが、指導の重点としては、まず動詞です。動詞が文の骨組みを決めるもっとも重要な単語なので、時間が限られている場合はまず動詞だけでも上記のような方法で、分散して基

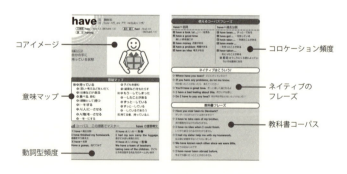

図24 『エースクラウン英和辞典』のフォーカスページ

礎用法に戻って指導するプランを練りましょう。

　フォーカスページには多義語の意味を一覧する「意味マップ」があります。「今日のレッスンのここで出てきた動詞 have の意味は、フォーカスページの何番目の意味だろう?」と意味マップでチェックするよう促します。意味マップだけだとわかりにくい場合もあるかもしれません。その際は、フォーカスページの次のページを開いて、その単語の辞書本文を見ながら、各番号の意味の下に載っている例文をざっと眺めながら似ている用法や意味を探す、ということをします。「そんなの難しくてできない」とおっしゃる先生は、たいてい辞書を引かせる時期がもう遅いのです。つまり、辞書の中の情報を読みこなす英語力がついていない生徒には上記の作業はさっとできないほど難しくなってしまいます。この意味でも、できるだけ中学2年くらいから基本動詞は繰り返し例文をチェックする癖をつけてやると、高校になって英文の難易度が少し上がっても移行がスムーズになります。

　授業の中にフォーカスページと同じ動詞コロケーションのパターン（例えば、have＋名詞）があったら、「こんなコロケーションがよく出るよ」と言って、そのコロケーションに対して注意を向けさせます。そのようなことをするだけでいいのです。そして、数か月先にまた have を見つけた

ら、英語教員が「目利き」をして、また、フォーカスページに返ってくればよいのです。このように『エースクラウン英和辞典』では、最重要語には何度も何度も立ち返らせるように設計がなされています。

練習方法 — Multimodal & 4/3/2

　言葉のスキルとして語彙学習を考えた場合、一度に４技能すべてできることを期待しない方がいいです。ですからフォーカスページで出てきた箇所を練習する際にも、教師の判断で、音声中心にしてもいいし、文字中心にしてもいいと思います。ただ、段階を設けて、単語の音や綴り、意味やコロケーションなど、いろいろな側面での練習モードを紹介することが大事です。

　コロケーション・ランキングのような情報の場合も同様で、第１段階はフレーズをチャンクで暗記させる、それも最初は「英語→日本語」の順番でいいですが、最終ゴールは「日本語→英語」ですんなり出てくるようにしてあげます。これは母語（日本語）から目標言語（英語）を出す方が記憶保持率が高いという調査結果に基づいています。第２段階は、フレーズを文レベルで理解させる、第３段階は、フレーズを文レベルで書かせたり、言わせたりします。最初は受信、だんだん発信に持って行くこと、これを練習でも意識しましょう。

単語を覚える際の練習方法はマルチモーダル（multi-modal）がよいです。

図 25 に multimodal そして 4/3/2（フォー／スリー／トゥー）とあります。これは覚える（あるいは練習する）モードを複数統合するということです。何か覚えるときには、1つの認知的なスキルを使うのではなく、モードを多様にし

- ただ単語帳を与えただけではダメ
  → 練習方法を紹介する。

- マルチモーダル（**Multimodal**）：
  目で単語（チャンク）を　見て
  音で単語（チャンク）を　聴いて
  口で単語（チャンク）を　言って
  手で単語（チャンク）を　書いて

- 4/3/2：1 技能だけに限定しない
  英語 → 日本語で　言って／書いて
  日本語 → 英語で　聞いて／書いて／言って
  英語 → 英語で　　聞いて／書いて／読んで／言って

- 繰り返しのチャンスを自分で作る

- **iPod** などの音源持ち歩きもグッド！

図25　練習方法：Multimodal & 4/3/2

ます。4/3/2というのは、1技能だけに限定しないで、4技能、3技能、2技能を同時に組み合わせて行うということです。例えば、単語を黙って見ているだけでは、あまり効果がありません。目で見て、音で聞いて、口で言って（同時に自分の声を音で聞くことにもなります）、手で書いて覚えましょう。そして、英語教員はそのような単語の覚え方を、実際に授業で単語を引かせ、ノートやカードに書かせたあと、みんなと一緒に実際にやって見せてあげます。必ずmulti-modalで、声に出したり書かせたりという方法を多様にして教えます。やり方を教えたあとは、生徒は自分で一番合っているやり方を取捨選択できます。自分に合わなければやめてもよいし、すぐ手軽に練習したい時と、じっくり学習したい時はやり方を変えた方がよいでしょう。そういうことは生徒に自分自身で選ばせます。それが自律的に学習ストラテジーを試してみて、選び取っていく、というプロセスを助けます。大切なのは、英語教員がいろんなやり方を実際にやって見せてあげて、生徒たちにイメージを明確に持ってもらい、練習の間口を拡げてあげる、ということです。

単語集と単語テスト

　『エースクラウン英和辞典』で語彙の目利きをしながら、併せて使って欲しいのが単語帳です。フォーカスページでの発信語彙の基盤を示すということには成功しましたが、やはり現場の先生方から、「具体的なやり方を知りたい」「そ

れに合った教材を提供してほしい」という声がとても多かったのです。編集部と話し合って、三省堂では本当に久しぶりに本格的な語彙学習教材（単語帳）を刊行しました。それが、満を持して世に問う『クラウン チャンクで英単語』シリーズです。

　辞典は毎日引かせますが、単語集は実際に覚えるための道具として日々携帯してボロボロになるまで練習するものです。教師としては単語帳を持たせると辞書を使わせないで単語帳を辞書代わりに、と思う人がいますが、単語帳は「覚えるためのツール」で辞書とは違います。あくまでも辞書を引けるスキルが基本だと言うことを覚えておきましょう。前節で解説したような辞書を引く習慣がきちんと身についてきて、単語の仕分けがだいたいわかるようになってきたら、カードに書いたりする手間を省くために、単語帳を使ったりしてもよいのです。逆ではありません。もちろん、自分でカードなどにまとめて単語集を作って練習するのでもかまいません。ただ、それだけだとおそらくいざ入試問題に対応してまったく新しい英文を読む場合に、重要な単語を取りこぼしてしまう可能性があります。教科書を中心とした基礎語彙の仕込みや練習と同時に、単語集を使って出会っていない「枝葉」の単語に大量に接しておくのです。『クラウン チャンクで英単語』の詳しい使い方は次の章で解説することにして、ここでは単語帳を使う時の一般的な注意

点を確認しておきましょう。

　まず、単語帳を利用する際に、1年を通して1度きりしか単語テストをしない、というのはあまり感心しません（図26）。単語テストは極力、同一箇所に繰り返し何回か戻ってきて復習するようにテストした方がいいのです。教育心理学の用語では「忘却曲線」というのですが、人間はあるものを覚えても一定時間が経過すると保持率（retention）が下がり、必ず忘れてしまいます。ところが、もう1回復習すると、以前の学習よりもその保持率が上がります。次のときには1回目ではなく2回目の練習になるので、少し長く保って忘れていくのです。そして、復習するタイミングとしては1回目の学習から繰り返しを仕込む際に、2回目、3回目は

・大量に覚える「枝葉の単語」は、時間がたつと必ず忘れる
　→　単語テストなどに「繰り返し」を仕込む。

・"Effective retention of vocabulary requires a certain amount of repetition over spaced intervals."　　— Paul Nation
・学習のインターバル：最初と2回目の学習間隔のべき乗
　（例）最初と2回目の間隔：3日
　　　　2〜3回目：$3^2=9$日、3〜4回目：$3^3=27$日

図26　「枝葉」は必ず複数触れるように単語帳を使う

少しずつ間隔を離していきます。忘却曲線との関連で言うと、前の学習内容の記憶カーブが落ち始めた頃に復習するとよいわけです。

そして、テストとテストの間は回数を重ねるごとに、前の回数の「べき乗」に離した方がよいです。たとえば、最初が3日間で復習したら、次は3×3＝9日、その次は3×3×3＝27日、というふうに、復習の期間を離した方がよいということが言われています。これは1960年代に米国の応用言語学者ポール・ピムズラー（Paul Pimsleur）が実証したメモリースケジュール（memory schedule）という記憶のメカニズムに拠っています。第2言語語彙習得研究の権威であるポール・ネイション（Paul Nation）もこの研究を引用して、以下のように間隔を離しながら練習した方がよいと言っています。

Effective retention of vocabulary requires a certain amount of repetition over spaced intervals.
（語彙の効果的な保持のためには間隔をあけて該当の語彙に一定量の繰り返しで接する必要がある。）
— Paul Nation（2013）
Learning Vocabulary in Another Language. 2nd ed.より

英語教員は高校で3,000語レベルを教えようと思った

ら、単語帳を選んで生徒に与え、盲目的に1年に1冊が終わるように細切れにして1か所を1度だけテストする、というような使い方は避けるべきです。最低でも同じ場所を3、4回は当たるようにテストを組みましょう。その際に、1回に覚えさせようとする単語は多少多くてもよく、そこからランダムに20～30語くらい確認します。100語あっても100語全部テストしようとしなくてよいのです。3、4回当たるうちにだいたいテストで出てきて確認できればよいわけです。

　単語テストが悪いと居残りさせて、満点とれるまでやらせる先生がいますが、その場では満点とったとしても1～2ヶ月すればすぐに忘れてしまいます。それよりも、テストの回数を増やして、1回目はあまりできなくてもよく、同じことを繰り返しテストしている間の「伸び率」を見てあげてください。「同じことをテストしたけど、この間は30点しか取れなかったのに、今回は50点いったな。よくやった！」とほめてあげます。最後に、9割できていれば大変よくできました、です。単語学習は一発勝負では絶対にありません。意図的に何度も繰り返し出会わせて、そのたびにちょっとずつ覚えている割合を増やせればいい、と生徒にもわからせるといいのです。そうすると生徒も、何度もやってだんだん完璧にマスターしていく達成感を励みにしてがんばるようになります。

語彙学習ストラテジーを発見させる

今まで紹介した単語学習の全体イメージを図27に示します。

100語の場合は、繰り返し何度も知識を深めるように、ずっと同じ単語に何度も返っていきます。そして、生徒はそのたびに新しい使い方に触れていきます。単語研究ノートやフォーカスページを活用して、すでに知っている単語だけれどもいろいろな使い方を覚えて、実際に自分も使えるように練習をしていきます。

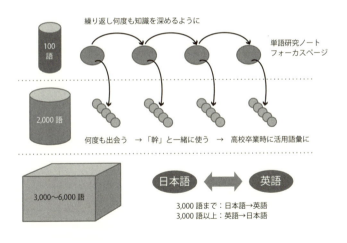

図27　語彙学習ストラテジーを発見させる

同時に、CEFRレベルならA2、語彙レベルなら2,000語ぐらいまでの頻度が比較的高い、将来は自分でも活用したい重要単語とは、基本の100語とできるだけ一緒に結びつけて使い方を学びます。「幹」の100語と「枝葉」の2,000語をセットにして使って、高校卒業時くらいまでには発信語彙として使いこなせるのが理想です。

　次にCEFRのB1レベル、3,000語レベルから5,000語レベルは幅があります。3,000語レベルくらいまでは、日本語の意味を見て英語が出てくるように単語を覚えた方がよいです。日本語を見たときに英単語が言えた方が発信能力の養成につながります。もっと難しい単語は、見たときに意味が分かる程度でよいので、単語カードなどを使って「英語→日本語」で受容語彙として覚えさせます。単語のテストをするときも、英語に対して日本語を出させる、そういうチェックの仕方で構いません。

　以上述べたように、英語教員は、生徒に求めるレベルに応じて、どこまでを発信語彙とするか、どこまでを受容語彙とするかを仕切る必要があります。それは教えている学級あるいは学校の卒業までにつけさせたい英語力の目標や、生徒の現状把握などを通して、適切に教員が査定することになります。

100語、2,000語で大学入試に対応できるのか？

大学受験があるから、生徒に5,000～6,000語くらい覚えさせたいという進学校があります。100語、2,000語が分かったとして、大学入試に対応できるのか、という疑問をもつのは当然でしょう。高等学校の英語教員にとっては気になることです。実際のところ、大学入試問題を解くにはどのくらいの単語が必要とされるのでしょうか。

コーパスの分析結果を図28に示しています。

例えば、各年度400の主要国公私立大学のリーディングの問題、つまり問題文の長文をコーパス化したとしましょ

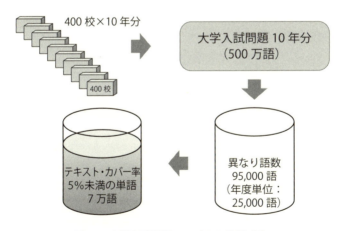

図28 大学入試問題コーパスの分析（1）

う。400大学10年分だと、だいたい500万語のデータになります。この約500万語のデータを語彙分析しますと、10年間の異なり語総計はだいたい95,000語になります。各年度単位で出てくる単語は約25,000語です。このうち、どのくらいの割合で、これらの単語が繰り返し出てくるのか、というのを調べました。すると、約95,000語のうち未知語の推測が可能な95％カバー率に入らない低頻度単語が、なんと全体の95,000語のうち70,000語（73%）もありました。つまりこれら7割近くの単語はほとんど偶然出会った単語という感じで、学習する必然性はありません。

では、残りの25,000語を見てみましょう（図29）。

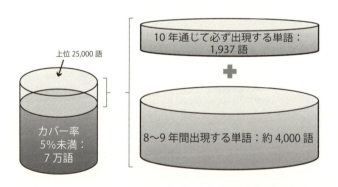

確実に出る単語は2,000語、次は5,000〜6,000語。そこから先はたぶん覚えても確率は極めて低い。

図29　大学入試問題コーパスの分析（2）

上位 25,000 語の使い出はいったいどのくらいあるかが問題になってきます。その中身を見てみますと、毎年 10 年間 400 大学のうちどこか 1 大学ででも出題されれば「毎年出た」という割とゆるい定義にすることにして、「毎年出た単語」をカウントしたところ、その数は 1,937 語でした。つまり、比較的寛容な基準にして、毎年必ず出る単語というのは、私たちが何度も重要だと言っていた約 2,000 語だけという結果になったのです。

　この確実に出る 2,000 語が使いこなせていないのに、先ほどの残りの部分を必死になって覚えさせようとしている先生がいます。それでは、語彙の構築という点では本末転倒といえます。英語語彙の核になる 2,000 語について、しっかりと文中で意味が取れて構造を把握できる力をまずつけてあげた方がずっと骨太のリーディング力がつきます。

　10 年から 1 段階下げて、8〜9 年間続けて出現する単語を加えると 2,000 語に加えて約 4,000 語あり、全体で 6,000 語くらいになります。6,000 語くらいは、高校から大学入試に臨むに際して、意識して覚えてもよいでしょう。ただし、必ず出る単語だとは限らないということを念頭に置かなければいけません。

　ここで注意していただきたいのは、巷の単語帳の多くが

6,000と書いてあっても、収録見出し語数が必ず6,000語あるわけではないということです。6,000語レベルの単語から、1,200〜1,300語に絞って出している、というような単語帳も多いのです。ですから、本当に生徒が身につけるべき単語はたくさん英文に触れつつ辞書で整理していき、最終チェックで英単語集を使う、というイメージを持つといいと思います。

英語に対する見方が変わると教え方が変わる

　ある高校の先生は、学校が買った単語集を生徒に配ってもまったくどうやって指導したらいいかわかりませんでした。しかたなく、頭から数ページずつ授業の始めに単語テストをやることにしていました。しかし、そのやり方では、単語集の半分を過ぎたくらいで1年がだいたい終わってしまっていました。生徒達もその時は一生懸命覚えているけれども、しばらく経つとすっかり忘れてしまっていて、本当に実力がついているのかどうか、自信を持てないままでいました。

　私の講演を聴いて、その学校では高校1年生から辞書指導と語彙指導を一斉にやるように取り組み始めました。英語教員が英単語の目利きをし、その学習すべき単語の重要度の見分け方を生徒に教えて、それに応じて研究ノート、自前の単語カード、既成の単語集を目的に応じて組み合わせ

ました。さらに、それらを使った単語・フレーズの覚え方をいろいろ紹介してやったそうです。生徒たちは最初こそ少し面倒くさがっていましたが、勉強の仕方を教えてもらった生徒の中には意欲的に勉強法を工夫し始める子が出始めたそうです。それに対して先生たちも、研究ノートを定期的に集めてコメントしてあげたり、優秀なノートを公開してクラスの仲間に紹介したり、あまりノート作りが得意でない生徒に得意な生徒がグループ指導をするなど工夫をこらしました。ある先生は「ポートフォリオ（portfolio）」といって生徒の学習してきた履歴を1つの資料にまとめあげるような指導もしたそうです。

　たった1年この方法で生徒を指導しただけでしたが、その変化に先生自身が驚いたと言います。「今までは自分が何とかしなくちゃ、と肩に力が入って授業もわりとトップダウンで一方通行だったと思います。語彙学習を投野先生の言われるように、幹と枝葉の区別を意識して辞書や語彙学習の指導を組み入れてから、生徒達が自分で調べることに面白さを感じ自主的になってきて、これなら何となく自分でできそうだな！という気持ちが生徒達の中に養われてきた、と思います。」その先生は確かな手応えを感じていたようです。英語力に対する先生の見方が変わると、教え方も変わるのです。英語力のつけ方のメリハリがきちんと判断できる先生に対しては生徒も信頼を置くのです。

「辞書」は強力な武器

　自力で学ぶ学習者を生み出すことが私たちの仕事だと思います。母語も含めた言葉の学習は一生続くものです。ましてや、言葉が使える価値や喜びがわかるのは、たぶん中高を卒業してから何年も後の自分の人生においてでしょう。その時のために、我々は自律的な学習者を育てなければなりません。それは、簡単にいえば、教師がいなくても一本立ちできる学習者です。そしてその最も有力な武器は、自律的に学ぶ戦術と武器をもっていることです。戦術は学習ストラテジーです。自分の能力を高めるための最善の学習法や学習機会をニーズに合わせて賢く選び取っていく力です。そして、武器は英語と格闘する際に用いる道具です。三種の神器は「辞書」および「単語集」、「文法書」、「教科書（あるいは英語と取り組む素材・テキスト、問題集なども含みます）」です。そして、これらのなかで何より強力な武器は、言葉の知識を深く広く長く提供してくれる「辞書」なのです。

　インターネットなども情報源としては重要ですが、翻訳ツールに頼ったりしていてはダメです。言葉のしっかりした勉強の基礎は辞書を使った地道な言葉との格闘にある、と知ってください。その言葉＝英語との格闘がすさまじければすさまじいほど、その後の、話したり聞いたりする運用能力への転換は容易です。逆に教室内で「言語活動」と称して、安易なピーチクパーチクばかりやって、辞書をしっかり

引いて日本語と英語の対応関係をしっかり理解するような努力を怠った"英語力"は、うわべはカッコいいでしょうが、真の実力に欠け、話し言葉では何とかなっても、結局は不正確で、仕事や学問・研究となると使いものにならない英語でしかありません。

　皆さん、是非、日本の英語教育の現状をしっかり見据えて、真のコミュニケーション能力をつけるための「骨太の英語力」を目指しましょう。その根幹はごく一部の100語程度の単語でいかに「幹」を太くするか、そして「枝葉」の単語でいかに多くの葉を茂らせるか、なのです。

コラム 私の英語との格闘 3

大学1年―辞書収集と研究の始まり

　第1志望の東京学芸大学に入学した私は、素晴らしい教授陣を要する英語科で5年間（1年は海外留学）学部を過ごします。1年の最初の時間に英語学のI先生が「英語辞書案内」をしてくれるというので皆で集まりました。その際に解説してくれた辞書類が、*Concise Oxford Dictionary (COD)*、*Pocket Oxford Dictionary (POD)*、そして *Oxford English Dictionary (OED)* などのいわゆる母語話者用の辞典でした。英英辞典ではHornbyによる *Oxford Advanced Learner's Dictionary (OALD)* の紹介があった程度だったので、私が手を挙げて「先生。ロングマン英英辞典がいいと思います。」と言うと、その先生は「知らない。」と言いました。（なあんだ、大学の先生といっても大したことはないな…）そう思いながら、私は大学1年から辞典収集を趣味とするようになり、すでに持っていた10冊くらいの英語辞書に、上記のいろいろな辞典が欲しくなり、昼飯代を抜いて毎週、神田の古本屋に通い詰めるようになりました。

　その後、1年に100冊ペースで古本の辞書を買いあさり、同時に西欧の辞書発達史、日本の洋学の歴史の本を図書館で借りて自分で辞書目録を作りながらコレクター気取りで集めた辞書の内容を大学ノートに記録していったのです。卒業する頃までには私の辞書コレクションは400冊く

らいにもなっていました。できるだけ安価に集めたためボロボロのものもありましたが、それでも明治、大正、昭和期の英語辞書の主要な物、*POD*、*COD* のすべての版代わり、Webster の初版、2 版（特に古本屋で高価だった 2 版は大学 3 年次の米国留学の際にバックパッカーで買いあさって装丁違いの版を 3 部持っている）、3 版などを集めに集めたのです。次第に大学でも私の辞書好きは有名になり、「辞書のことは投野にきけ」と言われるようになりました。

「使える英語」への転換

　しかしこんな私でも苦労したのが、大学入学時の「英会話」の授業です。最初の自己紹介の時に、ほとんど英語が出てこなかったのを今でも赤面しつつ思い出します。あんなに受験英語で死ぬほど勉強したのに、惨憺たる結果…。

　もっとショックだったのは、英語教育の羽鳥博愛先生、金谷憲先生の関係していた「英語集中コース（ITC: Intensive Training Course）」という合宿に初めて参加した時のことでした。そこは日本中の大学から英語を勉強したい学生が集まってきており、グループ・ディスカッションで一緒になった関西の大学の経済学部専攻の 2 年生の英語のうまいこと！彼を目の前にして私の英語はほとんど機能せず、「相手は経済専攻、自分は英語専攻なのにこの様か…」と、それまでの自信は完膚無きまでに砕け散ってしまったのです。

この経験から、私は辞書好きなだけではダメだ、と思い直したのです。今までの「受験英語」一辺倒だった自分の英語スキルを「使える英語」にシフトするようなトレーニングを考えなくてはいけない。そこで参考にしたのが、松本亨氏の『英語の新しい学び方』(1965)、さらに、ITCの参加者が愛読していた松本道弘氏の『私はこうして英語を学んだ』(1979)という本でした。そこから辞書を離れて、英語は英語で頭に入るように、まず大量にインプットを積むと決意。大学に通う間の山手線に乗っている20分、中央線の30分を利用して、20分以内で読み切る *Newsweek* の社説、30分以内で読み切る *New York Times* の社説と、ノルマを決めて時間を計って辞書を使わずに読む。辞書を引きたい衝動を抑えて、理解度7割くらいで読み切る練習を何度もしたのです。

　さらに大量に聴くことも実行。当時少し前からNHKで國弘正雄氏が担当されていた『英語会話 III』のインタビューを父がテープに録音していたのです。政財界の大物とのインタビューにスクリプトがついて出版されていました。これはものすごく役に立ちました。國弘氏の知的な英語の迫力を肌に感じつつ、何度も音声を聞き、対話の自然な間合いや、会話をころがしていく技術、自分の意見や考えを適確に伝えていく表現などを実例から学びました。

2年目のITCではかなり私の英語力はアップし、英会話の時間でも2年の最後に「Yukioの話し方はとても自然でよい」と褒めてもらい、大学3年の前期に英検1級に合格しました。

　しかし、こういった「転換」ができたのも、「転換するもの」を既に持っていたからだと、今さらながらに思うのです。それはどんな英文が与えられても辞書さえあれば正しく読めます、という、正確な解釈にたどりつける英語を読み抜く力と辞書を使う技術でした。その百戦錬磨の鍛えた地力があったからこそ、「転換」はより効果的に行えたのだと思います。（つづく）

04 チャンク学習の重要性とその指導法

単語の「目利き」とそれに応じた語彙学習方略の選択

　第3章では、『エースクラウン英和辞典第2版』のような学習語彙の必要性や重要度によって明確に仕切りをつけて提示している辞書を用いて「単語の目利き」を行うべき、という話をしました。その目利きのポイントは、「自分で使いこなせる必要がある単語」、「相手から提示された際に意味がわかればいい単語」、「意味を覚えなくてもいい単語＝忘れてもかまわない単語」に分けるということでした。

　目利きができたら、その語彙の種類やレベルに応じた適切な学習法を選ぶことが重要です。この章では、そのレベルに応じた語彙学習の方法をもう少し詳しく解説したいと思います。

基本100語の扱い ― 単語研究ノート

　第3章では、基本100語は繰り返し出会い発信語彙とし

て身につけるので「単語研究ノート」を作るといい、と言いました。単語研究ノートはそれほど特別なものではありません。生徒に普通のノートを買わせて、動詞、前置詞、助動詞、接続詞などについて、あらかじめスペースを確保しておきます。たとえば中学生ならば動詞は2ページ、前置詞は1ページ、助動詞と接続詞は2分の1ページくらい。高校生ならばその2倍のスペース、という感じでしょうか。どの動詞を選ぶかは『エースクラウン英和辞典第2版』のフォーカスページで紹介しているような動詞を選べば良いです。私が以前NHKでやっていた『100語でスタート！英会話』関連の書籍（『コーパス練習帳』シリーズ）などを見てもいいでしょう。その分類を参考にすると、表3のようになります。

　これらの単語はほぼ毎回のレッスンにどれかは出てきますので、教科書で新出事項の学習をする以外に、重要動詞の用法が出てきたら、その例文をノートに写させ、日本語訳をして、その用法が辞書の語義の何番目に当たるかを書かせます。高校レベルでしたら、辞書からもう1つ例文を写させるともっと効果的です。全部の単語に関してこれをやるのは大変なので、動詞は月に2つほど特集する動詞を決めておき、「今月は get と give を整理しよう」といって、テキストの中で get と give に注目させます。入試問題を解いていても、この基本動詞の用法については意識してノートに例文を写させます。

> ◎動詞
> ●三大(多機能)動詞 be, have, do
> ●アクション動詞 give, get, come, go, make, take, bring, put
> ●メンタル動詞 know, think, see, mean, look, use, want
> ●コミュニケーション動詞 say
>
> ◎前置詞
> of, in, to, on, for, at, with, from, about, by
>
> ◎助動詞
> will, can, would, could
>
> ◎接続詞
> and, but, or, that, as, if, than, when, because

表3 単語研究ノートに入れたい重要語

　これを繰り返させているうちに、生徒が創意工夫をするようになります。例文の同じ用法のものに共通のマークをつけたり、例文全部を写す必要がないと感じたら、重要な表現部分をチャンクとして取り出して写したり、コロケーションをコラム風に整理したり、いろいろな工夫をする生徒が出てくるので、そういったものをクラスでシェアしたり、上手な整理のできている生徒のノートを皆に参考に見せた

りします。グループワークで一緒にノートを作る時間があってもいいかもしれません。

これらの活動のミソは、自分で調べて整理する習慣をつけることと、結果的にそれが学習ストラテジーを身につけていくプロセスになるという点です。

2,000語レベルはチャンクで

2,000語レベルの単語は半分が名詞になります。そしてこの2,000語で会話の9割、書き言葉の8割がカバーできるのです。高校卒業までにこの2,000語が発信語彙として活用できるように訓練できれば、中学・高校の英語教員の使命は果たせたといえましょう。

発信語彙としてこれらを身につける際には、『エースクラウン英和辞典第2版』のような2,000語の「目利き」と同時に、それを覚える具体的な方法を提示してあげることが大事です。2,000語の名詞の特性として、ほとんどが重要なチャンクを作ります。たいていそれは「動詞＋名詞（目的語）」、「名詞（主語）＋動詞」のようなパターンを作ります。

たとえば次ページの名詞群を見てください。

( ) + decision/use/sense/difference/money/mistake/change/call/choice/effort/payment/contribution/progress

( ) + place/care/advantage/look/step/action/time/part/picture/photo/note/minute/responsibility/break

　ある程度、英語力があれば、それぞれのボックスの中の名詞を共通に目的語としてとる動詞を推測することができます。上が make、下が take ですね。「何かが起きる」というのは take place といいますが、make place とは言いません。「場所を作り出す」→「起きる」でもいいじゃないか、と思いますが、英語ではそういう言い方をしないのです。

　ここで大事なのは、こういった take place, make a decision のようなチャンクがほとんどの場合「100 の基本語＋2,000 の発信語彙」という構成になっていて、この組み合わせで便利に使える、という点です。

　つまり、decision＝「決断」とだけ覚えるのではなく、make a decision（決断する）というチャンクで覚えることで、2,000 語の単語を覚えるだけでなく、同時にさまざまな基本 100 語の使い方に同時に繰り返し触れていくことにな

り、これが基本100語の語彙知識を深めていくわけです。

そして、このチャンクの威力をフルに発揮させる語彙学習教材として『クラウン チャンクで英単語』シリーズ（三省堂）が登場しました。次のセクションではその使い方を紹介しながら、発信語彙力の養成に関して具体的に考えてみましょう。

受信から発信へ

発信能力をつけるには、以下のようなステップを基本的には経ていきます（図30）。

どんな単語でも最初は受容語彙としてインプットされ、

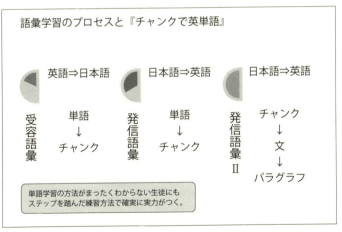

図30　受容語彙から発信語彙へ

それが徐々に発信語彙に転換していきます。基本的には、英語から日本語にできるレベルが受容的な知識で、日本語から英語が出てくれば発信的な知識になった、といえます。

ただし、単語単体で持っている知識には限界がありますので、それを単語からチャンクへ、チャンクから文へ、1文から複数の文のまとまり（パラグラフ）へ、と拡張させていく必要があります。

『クラウン チャンクで英単語』シリーズは、この発信語彙を鍛えるための教材群です。レイアウトを見ると、左ページにチャンクが、右ページに単語が並んでいます（図31）。

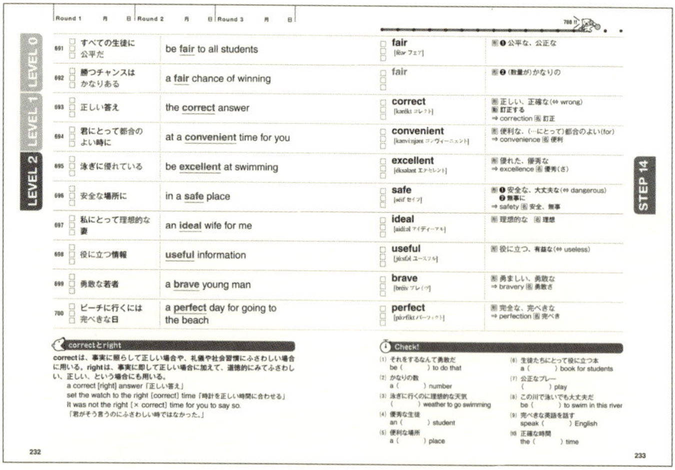
Round 1 月 日 Round 2 月 日 Round 3 月 日

LEVEL 0 LEVEL 1 LEVEL 2

691	すべての生徒に公平だ	be fair to all students	fair [fέər フェア]	形❶公平な、公正な
692	勝つチャンスはかなりある	a fair chance of winning	fair	形❷（数量が）かなりの
693	正しい答え	the correct answer	correct [kərékt コレクト]	形 正しい、正確な（⇔ wrong） 動 訂正する ⇒ correction 名 訂正
694	君にとって都合のよい時に	at a convenient time for you	convenient [kənvíːnjənt コンヴィーニェント]	形 便利な、（…にとって）都合のよい（for） ⇒ convenience 名 便利
695	泳ぎに優れている	be excellent at swimming	excellent [éksələnt エクセレント]	形 優れた、優秀な ⇒ excellence 名 優秀（さ）
696	安全な場所に	in a safe place	safe [séif セイフ]	形❶安全な、大丈夫な（⇔ dangerous） ❷無事に ⇒ safety 名 安全、無事
697	私にとって理想的な妻	an ideal wife for me	ideal [aidíːəl アイディーアル]	形 理想的な 名 理想
698	役に立つ情報	useful information	useful [júːsfəl ユースフル]	形 役に立つ、有益な（⇔ useless）
699	勇敢な若者	a brave young man	brave [bréiv ブレイヴ]	形 勇ましい、勇敢な ⇒ bravery 名 勇敢さ
700	ビーチに行くには完ぺきな日	a perfect day for going to the beach	perfect [pə́ːrfikt パーフィクト]	形 完全な、完ぺきな ⇒ perfection 名 完ぺき

700 !!

STEP 14

correctとright

correctは、事実に照らして正しい場合や、礼儀や社会習慣にふさわしい場合に用いる。rightは、事実に即して正しい場合に加えて、道徳的にみてふさわしい、正しい、という場合にも用いる。
a correct [right] answer「正しい答え」
set the watch to the right [correct] time「時計を正しい時間に合わせる」
It was not the right [× correct] time for you to say so.
「君がそう言うのにふさわしい時ではなかった。」

Check!

(1) それをするなんて勇敢だ
be (　　　) to do that
(2) かなりの数
a (　　　) number
(3) 泳ぎに行くのに理想的な天気
(　　　) weather to go swimming
(4) 優秀な生徒
an (　　　) student
(5) 便利な場所
a (　　　) place
(6) 生徒たちにとって役に立つ本
a (　　　) book for students
(7) 公正なプレー
(　　　) play
(8) この川で泳いでも大丈夫だ
be (　　　) to swim in this river
(9) 完ぺきな英語を話す
speak (　　　) English
(10) 正確な時間
the (　　　) time

232　233

図31　『クラウン チャンクで英単語 Basic』レイアウト

『クラウン チャンクで英単語 Basic』を使った、具体的な練習方法を紹介しましょう。この本がなくても、同様のステップを踏んで練習すれば効果はありますので試してみてください。

● **ステップ１：受容語彙として認識できるかチェック**

まず図 32 にあるように、チャンクの英語を見て、日本語にできるか、をチェックします。英語→日本語、という方向で再生できれば、単語の意味は受容語彙として入っている、ということになります。もし意味が言えれば、次にステップ3(図 34) に移ります。一方、チャンクが日本語にできない場合は、チャンクの中の単語の認識ができていないので、ま

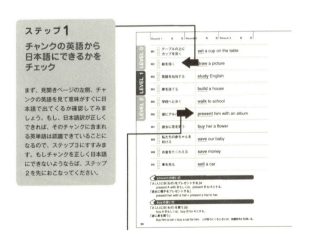

図 32

ずはこれを受容語彙として仕込みます。それがステップ2（図33）です。

● **ステップ2：まず受容語彙として覚える**

チャンクで受容語彙としても意味が出てこない単語は、見開き右ページ（図33）の単語一覧を活用して、英語→日本語のモードで何度も練習します。

覚える際には、マルチモーダル（multimodal：モードを多様にすること。p.72参照）を心がけ、目で見て、耳で聞いて、口で言って、手で書いて、という4技能を組み合わせた覚え方を生徒と一緒にやってみせます。前の章でも少し述べましたが、生徒は学習スタイルが個々に異なり、丸暗記がとても得意な人もいれば、手で書かないと覚えない人、ビ

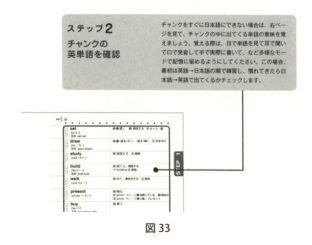

図33

ジュアルなイメージで記憶する人もいます。そのような個々のスタイルに合った学習方法を自分でさがしていくことが大切なのです。

暗記は最初は英語→日本語で、その後、日本語→英語で出てくるようにトレーニングしましょう。

● **ステップ3：発信語彙に転換する**
ある程度まで単語を日本語→英語で言えるようになったら、また左ページのチャンクに戻り、今度はチャンクが英語

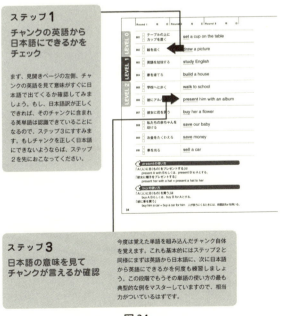

図 34

→日本語、そして次に日本語→英語で出てくるように何度も練習します（図34）。この段階で、チャンクで繰り返し表現を覚えることによって、基本語の使いこなしに関する語彙知識の「深さ」の部分もだんだん手当てされるようになるのです。

● **ステップ４：覚えた単語を別のチャンクで確認**

チャンクを覚えたら、見開きページ右下にある Check! で問題をやってみるのもよいです（図35）。ここは記憶した単語が少し変形したチャンクで登場します。新しいチャンクのフレーズは覚えた単語を無理なく再生できる程度の変形になっています。

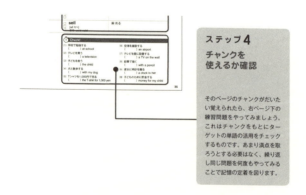

図35

文レベルに移行する際の基礎ドリル

　チャンクから文レベルに移行するのが次のステップになりますが、それを実行する際にはいくつか並行してやっておいた方がいい基礎ドリルがあります。これらは少し昔風の機械的ドリル (mechanical drill) と言われる種類のものですが、中学から高校にかけての生徒にはこういったドリルで基礎力をつけて自由自在になるようにしておいてあげないと、後でわからないといろいろ困ることになるのです。

(1) 代名詞入れ替えドリル
○チャンク：put a cup on the table

これに主語の代名詞（I, you, we, he, she, they）を入れて現在形で口慣らしします。He [She] puts a cup ... など動詞の人称と数の変化を機械的に確認します。

(2) 時制&相入れ替えドリル
○チャンク：put a cup on the table

これは時間表現をキューとして与えて、文中の時制や相を入れ替えるドリルです。

- Every day: He <u>puts</u> a cup on the table every day.
- Yesterday: He <u>put</u> a cup on the table yesterday.
- Tomorrow: He <u>will put</u> a cup on the table tomorrow.
- Right now: He <u>is putting</u> a cup on the table right now.
- Already: He <u>has already put</u> a cup on the table.

機械的なドリルなので、文は多少不自然なのですが、そういうことをあまり気にしないでやります。要するに、キューの時間表現に応じて、チャンクの前後の動詞の形などをスムーズに変えられるかどうかがポイントなのです。

(3) 文の種類入れ替えドリル
○チャンク：put a cup on the table

平叙文から簡単な Yes / No question, wh-question（who / what / where / when / which / whose / how など）、命令文とドリルしていきます。

- <u>You put</u> a cup on the table.
- <u>Did you put</u> a cup on the table?
- <u>Who put</u> a cup on the table?
- <u>What did you put</u> on the table?
- <u>Where did you put</u> a cup?
- <u>When did you put</u> a cup on the table?
- <u>Which cup did you put</u> on the table?
- <u>Whose cup did you put</u> on the table?
- <u>How did you put</u> a cup on the table?
- Put a cup on the table.
- Can [Could/Would] you put a cup on the table?

これらのドリルをすべてのチャンクに関してやる必要はありませんが、セットで20〜30と覚えた場合には、中学レ

ベルならば先生が選択して一定量のチャンクに対し口頭練習と書写練習をさせると効果的です。かつての古い方法のようですが、外国語習得はフレーズの暗記を伴う地道な基礎ドリル練習が重要なことは、上級者が口をそろえて言っていることです。これだけ自由に口をついて出るようにしておくと、有意味な練習（meaningful practice）に移行した際に、パッと出てくるようになり、あとあと楽なのです。

● ステップ5：チャンクを埋め込んだ文を作ってみる

ある程度チャンクの仕込みが完成したら、チャンクを文に入れて言う練習をします（図36）。ここでも日本語を見て

図36

英語を言う、英語で書く、日本語の音声を聞いて英語を言う、などの多様なモードで練習してみてください。音声データをリピーティングしても効果的です。

●ステップ 6：1 文からパラグラフへ

最後は文をつなげてまとまった内容を伝えるという段階まで発信力を引き上げてあげるとよいです。『クラウン チャンクで英単語』には「レッツ！スピーク」という 1 ページのコラムがあり（図 37）、今まで学んだチャンクを使って、例えば「部活・クラブ活動」について言ってみる、というような試みです。

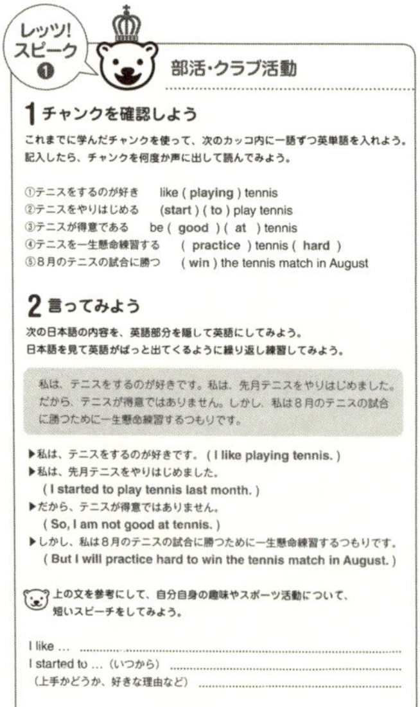
レッツ！スピーク ❶

部活・クラブ活動

1 チャンクを確認しよう

これまでに学んだチャンクを使って、次のカッコ内に一語ずつ英単語を入れよう。
記入したら、チャンクを何度か声に出して読んでみよう。

①テニスをするのが好き　like (playing) tennis
②テニスをやりはじめる　(start) (to) play tennis
③テニスが得意である　be (good) (at) tennis
④テニスを一生懸命練習する　(practice) tennis (hard)
⑤8月のテニスの試合に勝つ　(win) the tennis match in August

2 言ってみよう

次の日本語の内容を、英語部分を隠して英語にしてみよう。
日本語を見て英語がぱっと出てくるように繰り返し練習してみよう。

私は、テニスをするのが好きです。私は、先月テニスをやりはじめました。だから、テニスが得意ではありません。しかし、私は8月のテニスの試合に勝つために一生懸命練習するつもりです。

▶私は、テニスをするのが好きです。(I like playing tennis.)
▶私は、先月テニスをやりはじめました。
(I started to play tennis last month.)
▶だから、テニスが得意ではありません。
(So, I am not good at tennis.)
▶しかし、私は8月のテニスの試合に勝つために一生懸命練習するつもりです。
(But I will practice hard to win the tennis match in August.)

上の文を参考にして、自分自身の趣味やスポーツ活動について、
短いスピーチをしてみよう。

I like … ……………………
I started to …（いつから）……………………
（上手かどうか、好きな理由など）……………………

図 37

「チャンク英作ノート」を用意する

　文レベルの練習を始めたら、第3章の「辞書で勉強法を判断する」でお話しした「単語研究ノート」とは別に、もう1冊ノートを作ります。「チャンク英作ノート」です。これは覚えたチャンクを自分のことを表現するために使ってみる機会を提供するためのノートです。

　自分が覚えながら、このフレーズは自分のことを言うのに便利だと思うものを中心にノートに書き出して、最初の半ページくらいは前述の機械的ドリルのような主語や目的語の名詞を入れ替える、文の種類を転換したりなどの練習をおこないます。

　次に自分の身の回りのことを表現する英作文をやってみます。これはトピック別に書く方がよいので、①家のこと、②学校のこと、③地域のこと、④社会のこと、などと分類を作り、ちょっと自分が本やネットで読んだりテレビで見たりした話題でもいいですし、思いついたことに関して英語にしてみます。その際、ひとつひとつすべての文にチャンクを使おうと思うと気が重くなりますが、ある程度自分の言葉で出てきたもので表現し、1パラグラフの中で2、3回でもチャンクの発信ができれば十分だと思います。

　こうやって身近な話題に関して、チャンクを使いながら

英語を書き始めると、いろいろチャンクだけだと困ることができてきます。チャンクの「動詞＋名詞」の名詞部分をいろいろ言い換えたりしたい、単語がわからない、といったニーズが出てきます。その際に、『エースクラウン英和辞典第2版』の巻末にある和英小辞典を使ってみてください。コンパクトですが、日本語でよく使われる主要な名詞や普通出てこない少し難易度の高い単語も載っています。きっと名詞に絞って検索をかけてみれば、付属の和英辞典でも英作文に十分使えますし、先ほどの「チャンク英作ノート」のように自学自習の中でどんどん英作文をさせるような学校では、大変ありがたい存在とおわかりになると思います。

　このような自己表現活動は実際の授業でも多く行われてはいますが、個々の生徒の身につくレベルにまで徹底していないことがほとんどです。根本的な部分のチャンクの仕込みとその発信を意識した練習が不十分だからです。是非、ここで書かれているような方法を試してみてください。チャンクの威力をきっと確信されることでしょう。

> コラム
> 私の英語との格闘
> 4

留学そして「辞書ユーザーの研究」へ

大学3年で、1年間国費留学でフロリダ州立大学に留学しました。戻ってきた時、英語はかなり流暢になっており、国連英検特A級も取得。そして、金谷憲先生の指導の下、英語教育と辞書をからめた研究をしたい、ということで、卒業論文のテーマとして、和文英訳の作業での辞書情報の種類と検索スキルの関係を実験的に見る研究を行いました。これは当時、ヨーロッパ辞書学会が発足し、その成立の立役者となった Reinhard R. K. Hartmann 博士が「辞書使用 (dictionary use)」ということを研究分野として重要視する論文を読んだのがきっかけでした。

Hartmann 先生に入手困難な論文集の件で手紙を書き、大学4年の私に先生は親切にコピーを送ってくださり、卒業論文の完成時に完成品を送ると、その内容を高く評価してくださって、私の論文、"Tono (1984)" は Hartmann 先生からいろいろな人手にコピーが渡り、ドイツの高名な辞書学者 Wiegand 博士が「辞書ユーザーの正式な実験といえる研究は Tono(1984) のみである。」と後に言及するほどになりました。

そして私の卒業論文は 1985 年の *LEXICOGRAPHICA* というドイツの一流の学術雑誌に review（書評）が載るに至りました。当時ヨーロッパでは、私の論文を博士論文と勘

違いした人も多かったそうです。

　1985年に東京学芸大の修士課程に進み1987年に修論をイディオムの検索スキルの実験で書きました。ところがその年に私は衝撃的な出会いをしました。それが*COBUILD*の上陸だったのです。

COBUILD ─ そしてコーパスとの出会い
　私の研究の一大方向転換は *Collins COBUILD English Dictionary* が1987年に出版された時でした。それまで辞書研究一筋と思っていた矢先に、辞書に言語資料として使われた「コーパス」というものに、私はすぐに心を奪われたのです。それは言葉の集積、コンピューター内に系統的に標本化された言葉のデータベース、まさに自分が生涯かけて収集してきた辞書を遙かに超える「言葉そのもの」の収集だったのです。その考え自体に、身震いする物がありました。私は *COBUILD* の辞典の素晴らしさと相俟って、その背後の資料として活用された「コーパス」について本格的に学ばなければならない、と強く感じました。

　その後、1990年に東京学芸大学に講師として勤めるようになると、科研のプロジェクトで集めていた英作文をもとにして「英作文コーパス」のようなものができないか、と考え始めました。この頃、ちょうどヨーロッパでも Interna-

tional Corpus of Learner English（ICLE）というプロジェクトが始まったばかりでした。当時、コーパスを知れば知るほど、真剣に勉強したいと思った私は、パートタイムでの博士論文執筆は時間がかかりすぎる、との思いから、専任で8年間お世話になった東京学芸大学を辞して、3年間フルタイムの学生になって英国ランカスター大学に留学しました。
（つづく）

05 CAN-DO＆英語教育改革と語彙指導

日本の英語教育はどこに向かうのか？

　第5章では、締めくくりとして、日本の英語教育の大きな改革の方向性をにらんで、英語語彙指導はどういった方向性になるべきか、それに関して今まで述べてきた4章分の総括をしてみたいと思います。

　日本の英語教育は昔からさまざまな改革案が提唱されてきましたが、提案レベルで終わってなかなか実効性のないものが多いという印象でした。しかし、この2年間ほど、国は矢継ぎ早に英語教育改革の試案を打ち出してきています。その大きな流れをまとめると表4のようになります。

2011年 6月	「5つの提言」が出る
2011年 7月	グローバル人材育成推進会議中間まとめ
2013年 3月	CAN-DO作成ガイドライン発行
2013年10月	高大接続「達成度テスト」について答申（教育再生実行会議第四次答申）
2013年12月	グローバル化に対応した英語教育改革実施計画
2014年2〜9月	英語教育の在り方に関する有識者会議

表4　過去数年の主要な英語教育改革の提言

2011年6月文部科学省国際教育課の「外国語能力の向上に関する検討会」が出した『国際共通語としての英語力向上のための5つの提言と具体的施策』という提案書はその意味では一歩踏み込んだ内容で、予算措置をして、実施するステップを具体的に決め5年後に再度評価するというアクション・プランを伴ったものでした。ここで初めて「CAN-DOリストを使った学習到達目標の設定」ということが提言に盛り込まれるのです。そして翌年度にCAN-DO作成のためのガイドラインの作成委員会ができ、私もその委員に選ばれました。それ以外に、2013年春に「入試にTOEFLを」という国会議員の提案があり、教育再生実行会議でもその内容が吟味され、現状の大学入試センター試験ではなく、4技能のパフォーマンスを見るテストを3年次に複数回受験できる可能性などを盛り込んだ「達成度テスト」という概念が提案されました。それから文科省が大学入試の抜本的改革を盛り込んで2013年暮れに「グローバル化に対応した英語教育改革実施計画」が公表されます。

　この「改革実施計画」はかなり包括的な内容です。大きなポイントは次の3つです（図38）。

図38 英語教育改革のポイント

1）入口：開始時期を早める
　→　小学校5、6年から教科化

2）中間：CAN-DOでつなぐ
　→　小中高一貫した学習到達目標の設定

3）出口：入試を変える
　→　CAN-DOに対応する形で4技能を評価、大学入試においても4技能を測定可能な資格・検定試験等の利用を考える

　入口・中間・出口の総合的な改革という意味では、全体がうまく連携しながら、開始時期を早めて、4技能をバランス良く教え、出口の大学入試が4技能チェック可能な形で実施されれば、今回こそは効果を期待できるかもしれません。しかし、そのためには小中高と受け渡していく部分での「英語力の明確なイメージ」が大事になります。

受け渡しの明確なイメージを担うのが、文科省が提案している「CAN-DO」です。次のセクションで CAN-DO リストに関して簡単に解説して、その特徴を見ることにしましょう。

CAN-DO とは何か？

　CAN-DO リストを使った到達目標の設定という発想は、実は世界的に影響力を持ちつつある CEFR（Common European Framework of Reference for Languages: Learning, Teaching, Assessment）という言語共通の参照枠の存在があります。これは欧州評議会で 2001 年に公表されたもので、2002 年 1 月に公式にヨーロッパの外国語教育カリキュラム構築とその評価に CEFR を共通で利用するように議決されました。それ以後、欧州全土で利用されていき、世界中で外国語教育の汎用的な基準として広く認知されるようになってきています。

　CEFR では共通参照レベル（Common Reference Levels）というのを A（=Basic User）、B（=Independent User）、C（=Proficient User）の 3 段階で設けており、それぞれが A1、A2、B1、B2、C1、C2 のように 2 つの下位区分を持っています（図 39）。このモデルの先駆けとなったのが 1977 年に出版された *The Threshold Level* という本で、これはイギリスである程度学校教育を終えて社会に出た移民が持

つべき英語力を、概念・機能モデルを用いて細かい語彙文法をリスト化した本でした。これが欧州評議会で各国語版が作られ、かつこのレベルの前後が作られるようになり、抽象度を上げてCEFRへと発展していくのです。

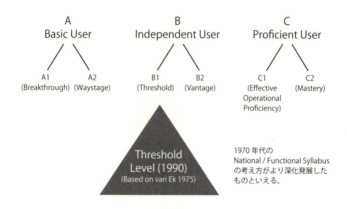

図39　CEFRレベルとその根幹となるThreshold Level

そしてCEFRの最大の特徴は、全レベルの能力記述に「〜することができる」というCAN-DO descriptor（能力記述文）を使用していることです。それでこのCAN-DOがさまざまな形で言語シラバスの構築や教材デザイン、能力評価に用いられてきているわけです。

CEFRは日本においても徐々に影響力を持ちつつあります。その証拠に、現在NHKの語学番組はすべてCEFRのレベル表示がついています。また世界中の言語テストもこぞ

って対応づけをしており、国内ではTOEIC、TOEFLはもちろん、英検やGTECなどのテストでも各テストのスコアとCEFRとの対応づけを公表しています。さらに、『エースクラウン英和辞典第2版』では、日本で初めて見出し語にCEFRレベルを表示するようにしました。文部科学省もこのようなCEFRの英語教育における影響力を看過できなくなってきているわけです。

私はこのCEFRの日本の英語教育への影響を比較的早い段階から注目して調査研究していました。足かけ10年、CEFRの動向調査を基盤研究（A）という大規模な科学研究費のリーダーとして行い、その成果をCEFR-Jという日本の英語教育に特化した枠組として公開しました（投野2013）。CEFR-Jは公式webページ（http://www.cefr-j.org）から、現在3,000ちかい機関・団体・個人にダウンロードされて商用・研究教育用問わず利用されています。

さて、CAN-DOに話を戻しましょう。CEFR-Jを構築した際、我々はAレベルを中心にCEFRのレベルを細分化する試み（これをbranchingといいます）を行いました。そして、細分化したレベルに対応するCAN-DOリストをCEFR-J用に新たに作成したのです。それだけではなく、CEFRのCAN-DOリストの難易度確定とほぼ同じ難易度の妥当性検証を統計的に行いました。詳細は投野（2013）を参照し

ていただきますが、ポイントは我々の経験として大量のCAN-DOを書き、それらをヨーロッパのCEFR研究の専門家と協議しながら何度も書き直し、Version 1を公開するまで大きな改訂を2度繰り返して作ったのです。その過程で、さまざまなCAN-DOの備えるべき条件を学びました。

　CAN-DOそのものは「ことばを使ってできること」＝行為（action）が示されます。CEFRでは社会的成員（social agent）として、人間は1日中、さまざまな活動を行っており、それをCEFRではすべてタスク（task）と呼びます。その中には歯を磨くとか駅まで歩くとか、ことばを使わなくてもできるタスクもありますが、かなりのタスクが言葉を介します。新聞を読む、テレビでニュースを観る、電車の路線図を見る、などの受信（reception）側のタスクもあれば、メールする、仲間と打ち合わせする、報告書を書く、などのように発信（production）側のタスクもあります。これらことばを介するタスクの際に人間の頭の中ではことばを入れる（input）、あるいは出す（output）作業を行っていて、そこに何らかの言語処理（processing）が行われている、と考えるわけです。

　その処理がどのくらい上手にできるかは、該当するタスクの難易度、その言語使用者のその時点で持っている外国語能力、また処理する場面や状況などが関与してきますが、

CEFRではAレベルを個人(personal)、Bレベルを学校・社会(academic & social)、そしてCレベルを仕事(occupational)という領域としてとらえてタスクの整理を行っています。こうしてCEFRのCAN-DOを吟味すると、自分や家族・地域などの身の回りのことから始まって、学校で学びつつ社会のいろいろな問題に関心を拡げていき、最後は仕事で使う英語、という風に非常にバランス良く英語のスキルをアップしていけるロードマップが見えてきます。

この意味で私はCEFRの理念を体現したCAN-DOリストの日本の英語教育への導入は十分意義のあることだと思っています。先生方は作成に苦慮されると思いますが、CEFR-Jのような全体的な大系をまず理解し、その中で自分たちの学校や生徒の置かれている状況やレベルを考えて必要なレベルとCAN-DOリストをCEFR-Jを参考に作っていただければよいのです。もちろん他にも英検やベネッセなどのテスト会社が提供するCAN-DOリストもありますし、CEFR-Jのみが唯一の枠組というわけではありません。しかし、現在のところ、CEFRと同様のCAN-DOリストの難易度検証を行った枠組みは国内ではCEFR-J以外にはほかにありません。

CAN-DOと対応した語彙・表現の重要性

　2020年に学習指導要領が全面改定され、CAN-DOリストがどれだけその中にしっかり位置づけられるか注目されるところですが、この過程で特に大事なのが、CAN-DOリストの各項目にどのような表現や語彙が具体的に結びつくか、に関する知見です。このようなCAN-DOと言語材料を紐づけるプロセスは「参照レベル記述（RLD: Reference Level Description）」と呼ばれ、CEFR本家でも現在ケンブリッジ大学を中心とした研究グループが精力的に記述の大系を構築中です。通例、フランス語やドイツ語ではCEFRの枠組みを利用して専門家が話し合って言語材料の貼りつけを直観と経験をもとに行ってしまっていますが、ケンブリッジのチームはそれを大規模な英語コーパスと学習者コーパスの分析結果をもとにやろうとしていて、その点で私の研究分野と大いに関係してくるのです。

　CEFR-Jに関しては私が中心に現在も科研グループでこのRLDに従事しており、大規模な学習者コーパスとCEFR準拠教材コーパスを使用したレベル別言語特徴の基準特性抽出をケンブリッジとは異なる手法で行っています。この過程で非常に重要なのは、CAN-DOを作ったら作りっぱなしではダメで、それぞれどのような語彙や文法と結びつくのか、を体系的に整理しておくことです。

この整理に重要なのが、CEFR レベル別の語彙リストです。CEFR-J プロジェクトではこの語彙リストをすでに公開しており、投野（2013）に付属の CD の中に収録しています。表 5 にその内訳を示しています。

CEFR-Level	Pre-A1	A1	A2	B1	B2	Total
教科書分析結果		976	1,057	1,884	1,722	5,639
当初目標語数		1,000	1,000	2,000	2,000	6,000
+EVP 差分取り込み		1,068	1,358	2,359	2,785	7,570
該当レベル	小〜中 2		中 3 〜 高 1、2	高 2、3 〜 大学受験	大学受験 〜 大学教養	

表 5　CEFR-J Wordlist の内訳

　『エースクラウン英和辞典第 2 版』では、日本で初めて CEFR-J Wordlist を参考に、主要な見出し語に関して CEFR レベル表示を行いました。それと同時に、中高教科書コーパスの分析結果を合わせて 中 高 ラベルとして CEFR-J レベルと一緒に併記するようにしています。このような辞典があれば、前の章で解説したような単語の「目利き」という観点で、基本 100 語は「フォーカスページ」の内容を中心に、そして 2,000 語に当たる部分は CEFR の A1、A2 レベル（約 2,400 語）を発信語彙として習得する、という大目標が明確に立つのです。

さて、このような語彙表があれば、中高の現場で作られているCAN-DOも具体的なイメージを帯びてきます。具体的に見てみましょう。CAN-DOには大別すると以下の2つのタイプがあります：

①CAN-DO単体に言語機能の記述が明確にあり、それに対応する文法・語彙などの言語材料を貼りつけやすいもの

②CAN-DO単体では文法・語彙を貼りつけにくく、テキスト・タイプや語彙レベルなどの要素で記述すべきもの

①タイプは主に発信型のCAN-DOです。spoken interaction, spoken production, writingの一部がこれに当たります。これらはたとえば「食べ物や趣味などの好き嫌いに関して意見交換する」といったCAN-DOなので、好き嫌いをいう表現、たとえばI like .../ I don't like ...、好き嫌いをきく表現（Do you like ...?）、などが思い浮かびますし、それらの言語表現を選んで貼りつけやすい項目です。

一方、②のタイプのCAN-DOは受信型の内容が多く、「ある程度語彙の制限がされた論説文を読んで大意をとる」といった形式で書かれているため、その英文の中にどんな文法事項が含まれているか、はCAN-DOそのものからは特定できません。この場合にはCEFRレベルの上下に応じて、

そのテキストの語彙レベルやテキストの長さ、複雑さといったテキスト特徴で表すことになります。

①のタイプの場合は、比較的 CAN-DO と言語材料の結びつけが容易です。たとえば、CEFR-J の以下の CAN-DO を見てみましょう。

> スポーツや食べ物などの好き嫌いなどの、とてもなじみのあるトピックに関しては、はっきり話されれば、限られたレパートリーを使って、簡単な意見交換をすることができる。
>
> (A1.2 Spoken interaction)

そこでこれに対応する A1 レベルのやりとりの表現＝structure として以下のものを選びました。

I like …/ I don't like …/ Do you like …?

あとは語彙です。ここで先生がスポーツや食べ物の単語を自分の感覚で選ぶことも可能ですが、CEFR-J Wordlist のようなリソースがあれば、データからそれを検索してタスク用の語彙一覧を作ることができます（図40）。

図 40　CAN-DO と表現＋文法の貼りつけ例

　CAN-DO リストを作った後、このような文法・表現・語彙とのマッチングがなされれば、CAN-DO リストはより具体的になり、現在先生方がお使いになっている教科書のどの部分とリンクするかの判断もしやすくなるのです。CAN-DO によっては、1 つの CAN-DO に複数の言語表現が対応する場合もありますが、それは言い換えれば、教科書の異なるレッスンで異なる表現・語彙を導入しつつも、根っこの部分で同じ CAN-DO を扱っているということであり、教科書を CAN-DO で再統合することでより新しい視点も生まれてくるわけです。どうせ CAN-DO を作るのであれば、このレベルまでやった方がずっと使いやすい。そういう設計で CAN-DO リストを作っている自治体がどのくらいある

でしょうか？あまり重箱の隅をつつくような視野の狭いCAN-DO作りにならないように、CEFR-Jのような大枠を最初に全体像として導入して、そこからフォーカスを決めて細分化し、自分の学校のレベル部分に関してニーズ分析をもとに学校に合ったCAN-DOの書き直しをしていく、という方がずっと作りやすいはずです。

改革の成否の鍵を握る
「英語の基礎基本のイメージ」

　入口で英語を教える導入時期を早め、出口を4技能入試に改善し、真ん中の小中高をCAN-DOでつなぐ。この改革の成否を決めるのは、私に言わせれば、CAN-DOだけではだめで、CAN-DOと連動した「英語力のイメージ」です。そこで必須なのがやはり「基本100語」で文の骨組みを作り、「最重要2,000」で肉づけする、という語彙力モデルです。その際、第4章で言ったように、100語レベルの基本動詞と2,000語レベルの名詞を「チャンク」で仕込む、何度も触れることで、発信語彙としてアウトプットできるようにトレーニングする、ということが英語力の土台を作ります。この英語力をつけていくイメージ（＝プロセス）の可視化と教師によるイメージの共有ができると、入口から出口までつけるべき英語力の何たるかがはっきりしてきて、教師の力の入れどころが違ってくるのです。

そのような目利きのできた先生(学習者)は、教科書の使い方も変わってきます。出てきた単語を漫然と覚えるのはもう終わりです。単語の重要度に関してきちんと『エースクラウン英和辞典第2版』などでチェックをし、語彙レベルに応じた語彙学習ストラテジーを適用して、マルチモーダルで2,000語以内の語彙はチャンクで繰り返し覚えます。忘れても何度も戻ってきて覚えます。使ってみる練習を授業中にたくさんします。そのように先生もこれらの2,000語を扱うのです。周辺の3,000〜6,000語になると、受容語彙で最初はいいので、単語カードで表に英語、裏に日本語を書いて必死で暗記します。受容語彙は意味さえ分かればいいから、これでどんどん覚えて、忘れたころに復習すればいいです。同じ単語セットをターゲットの時期までに最低4〜5回は復習させましょう。

　小中高の受け渡しは、CAN-DOだけではだめです。その生徒たちにどういう基本100語の使い方を教えたか、どういうレベルまで基本2,000語で発信力がついたか、といった点を確認したいです。さらに受け取った側の先生は、基本100語で上乗せしたい力に関してイメージを持っている必要があります。Have＋名詞のパターンでも、I have a pen. しか言えずに大学まで来てしまわないように、I have a brother./ I had lunch at 12./ I had a good time./ We have a meeting at three./ Have a look at this.のようにhaveの名

詞のパターンもネイティブが使うより自然な組み合わせの用法に移行するように見届けてあげたいものです。

指導の時間配分について

これらのポイントをお話すると、「投野先生は辞書や語彙指導ばかりやってコミュニカティブな授業の真逆を言っている」と誤解されてしまいます。最後に時間配分の話をしましょう。Paul Nation は有名な語彙習得の研究者ですが、それ以前に大変素晴らしい語学教師です。彼は本来語彙に特化しない外国語教育全般の手引書が書ける能力のある人ですが、その Paul Nation が書いた本の中に、私がとても共感する語彙指導とインプット、アウトプットなどの分量の配分の話が出てきます。図 41 を見てください。

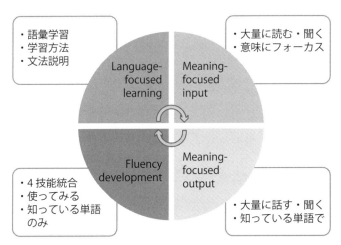

図 41　語彙中心の授業の時間配分

私が解説してきた語彙の「目利き」指導や学習法の解説、辞書指導、文法の説明などは全体のレッスン配分の中では1時間のうち15分程度です（図41のLanguage-focused learning）。ここをだらだらと長くやるのはPaul Nationはよくないと言っています。もしこの部分をやるならばキリッと日本語でやります。下手な英語教員のよくわからない（？）英語でやるとかえって時間がかかってしまうからです。

　かつ、それらの新しい語彙や文法を使ってみる練習をする部分が25%くらいあります（図41のFluency development）。ここでは4技能バランスよく、新出事項の語彙や文法がある程度スムーズに出てくるように練習します。

　すごいのは全体の半分が「意味にフォーカスしたインプットとアウトプット」だということです。これが実は「意味にフォーカスしている」ということは、すでに習っていることでプロセスする時間帯、すなわち「基本の100語＋肉づけの2,000語」を使う時間帯、だということです。第2章で出てきた蚊の生態に関するテキストを覚えているでしょうか？あそこで出てきたproboscis tipという単語を説明していた英文。あのような英語を使ったテキストの内容理解の活動、テキストをベースにした新しい語彙・文法のアウトプット活動、やさしい単語で書かれたリーダーなどを

多量に読む、大量に聞く、といった活動を全体の半分やりなさい、というのです。このような配分だからこそ、これは「土台を作る英語力を鍛えるプログラム」だということができます。そしてこれが繰り返し行われるレッスンの中核を担うことで、既習事項を使った大量のインプット＆アウトプットの体験が積まれれば、中心の基礎語彙の知識がぐっと深くなった「骨太の英語力」が着実に育っていくはずです。

　この章では、英語教育改革の方向性とそれを成功させる秘訣としての英語力モデルの可視化とそれに合わせたCAN-DO、言語項目のリンキング、そして授業時間内でどう活動を組むかということを述べてきました。

　これらを実行するためには、英語教員はある程度、自分で英語を授業中に話さなければできません。「授業は英語で」を困るなぁ…と思っている先生もいるかと思いますが、先ほどのような日本語の部分は全体では4分の1程度に絞りましょう。それ以外の部分は「先生は英語でやる！」と断言して、明日から英語でやってみてください。多少下手でもいい。（ただし、あまりに下手な人は再勉強してください（笑）。）授業を英語でやっていく方が教師の英語力は確実に上がります。そして生徒は先生が英語を使っている姿を見て、こんな感じでしゃべればいいんだ、と自信をつけるのです。ペラペラである必要は全然ありません。しかし、この本

で述べた「英語力の基礎基本」をおさえた指導をすることを肝に銘じてください。そのような指導を受けた生徒は、先生の学校を去る時に、「先生には勉強の仕方を教わった。もうひとりでもやっていけます」といって巣立っていくでしょう。それこそが英語教員のやるべき仕事なのです。

> コラム
> 私の
> 英語との格闘
> 5

決意の留学、
そして新しい研究の始まり

　留学生活は5人の子供と妻を2年目から連れて行って、貯金を取り崩しての生活だったので非常に厳しいものでした。留学生用の奨学金も自分よりも年の若い日本人学生が受け取って、私は認められませんでした。英国では特に外国人学生に対する奨学金は限られているので、学費は非常に高く、3年間本当に切り詰めた生活が続きました。

　しかし、5人の子供らはそのような中でも歯を食いしばって何もわからない英語の現地校に毎日黙々と通いました。特に長男は小6だったのですが、現地では secondary school の1年生に該当し、まったく言葉もわからないのに隣町の学校まで、毎日バスに乗って通学してくれました。雨のそぼ降る中をバス停で一人佇む彼の姿に、私は手を合わせたくなったことを今でも忘れません。

　そのかいあって3年後、何とか博士課程を満了して、帰国。明海大学に勤めました。翌年めでたく PhD を取得。そこから学会等で研究成果をどんどん発表するようになり、コーパスを辞書への応用分野だけでなく、英語学習者の発話・作文データに応用する学習者コーパスの分野を日本で開拓しました。

2003年からはNHK『100語でスタート！英会話』が開始。「コーパスくん」というキャラクターで、お茶の間に「コーパス」という言葉が浸透しました。これは世界的にも珍しいことで、コーパス言語学の研究者の間では、Mr. Corpusという愛称で、私のテレビ番組へのコーパス利用の貢献を高く評価してくれています。その後は、コーパスを用いたさまざまな辞書（『エースクラウン英和辞典』、『同第2版』、『プログレッシブ英和中辞典第5版』など）、教材（『コーパス練習帳』など）、解説書（『投野由紀夫のコーパス超入門』など）を作成してきました。

　今の私の英語力はどれくらいでしょうか？実は未だにネイティブ・スピーカーとパブで雑談するのは苦手です。フットボールや野球の話だと語彙も足りない。そういう場面でのたわいない話をあまりたくさん経験していないからです。ティーンエイジャーが私の英語を聞いたら、堅苦しいと思うでしょうね。若者言葉はあまり使えないからです。しかし、私は自分の英語をそれでいいと思っています。専門分野のコーパス言語学で、現在、世界中の学会に呼ばれて講演しても私はスクリプトを作らずに講演できます。また言うことを暗記せずに、その場での予想しない質疑応答もほぼ問題なくこなせる自信があります。そして、内容さえあれば、人々は私の話を聴いてくれます。ネイティブのような自然さにはほど遠いかも知れない。でも、私は帰国子女でもな

く、自分が習ってきた日本の学校英語教育を土台にここまで来た、という自負心があります。

　自分の中で、英語学習の核になったものは何か、と問われれば、それは「英語に接する機会の確保」(input の量) と「英語との格闘」(input の質) だと言えましょう。input の質は自分がどういうツール (辞書など) を使って、どのくらい深くことばの意味・用法・使い方などを頭でプロセスしたか、という部分に関連します。これが良質なほどよい。そのために、通信添削の先生の指導は抜群によく、正しかった。一方で、input の量の確保は、私の英語力をバランスのよいものにしました。4技能にわたって一定量英語を使わないと「モノ」にはなりません。基礎を学んだら、次の段階では量をこなして使い物になるようにすることです。しかし、その際にも、私が培ってきた知的興味や関心、たゆまぬ努力、学習方法を工夫する創造性などが、学習の最終到達点を決めていくのだと思います。このコラムでは、少し気恥ずかしいけれども、私の個人的学習履歴を紹介しました。そこから何か1つでも参考になるものを学びとってくだされば幸いです。

＊本コラムは、『英語教育』2007年3月号の寄稿原稿に加筆修正を施したものです。

参考文献

コーパスや CAN-DO の内容を知りたい方に：
- 投野由紀夫 (2006) 『コーパス超入門』 東京：小学館
- 投野由紀夫 (2013) 『CAN-DO リスト作成・活用 英語到達度指標 CEFR-J ガイドブック』 東京：大修館書店

私が作成した主要語彙学習教材：
- 投野由紀夫 (2008) 『コーパス練習帳パーフェクト』 東京：NHK 出版
- 投野由紀夫 (2014) 『NHK 基礎英語データベース Mr.コーパス投野由紀夫のより抜き表現 360』 東京：NHK 出版
- 投野由紀夫 (2015) 『クラウン チャンクで英単語 Basic』 東京：三省堂
- 投野由紀夫 (2015) 『クラウン チャンクで英単語 Standard』 東京：三省堂
- 投野由紀夫 (2015) 『コーパス 4500』第 2 版 東京：東京書籍

コーパス情報が豊富な辞書：
- *Longman Dictionary of Contemporary English*. 5th edition. 2009. Harlow: Pearson.
- *Macmillan English Dictionary for Advanced Learners*. 2nd edition. 2007. Oxford: Macmillan.
- 井上永幸・赤野一郎（編）(2013) 『ウィズダム英和辞典』第 3 版 東京：三省堂
- 投野由紀夫（編）(2014) 『エースクラウン英和辞典』第 2 版 東京：三省堂

語彙習得・語彙学習の研究成果を知りたい方に：
- Hill, M. & Laufer B. (2003) Type of task, time-on-task and electronic dictionaries in incidental vocabulary acquisition. *International Review of Applied Linguistics in Language Teaching* 41 (2), 87-106.
- Nation, I.S.P. (1990) *Teaching and Learning Vocabulary*. Boston, MA: Heinle.
- Nation, I.S.P. (2009) *Teaching Vocabulary: Strategies and Techniques*. Boston, MA: Heinle.
- Nation, I.S.P. (2013) *Learning Vocabulary in Another Language*. 2nd edition. Cambridge: Cambridge University Press.
- Schmitt, N. (2010) *Researching Vocabulary: A Vocabulary Research Manual*. London: Palgrave Macmillan.
- van Ek, J.A. (1975) *The Threshold Level*. Strasbourg: Council of Europe.
- 羽鳥博愛 (1977) 『英語教育の心理学』 東京：大修館書店
- 望月正道・相澤一美・投野由紀夫 (2003) 『英語語彙の指導マニュアル』 東京：大修館書店

さくいん

100 語 … 3-18, 22-23, 30, 33-34, 60, 64, 70, 80-81, 92, 96-97, 121, 125-126, 128
100 の基本語＋2,000 の発信語彙 … 96, 128
1,000 語 … 3-4, 27, 30, 34, 40, 42, 45, 59
1,200 語 … 1-4, 44
2,000 語 … 3-4, 11-18, 27, 34, 44, 59-61, 64, 80-83, 95-96, 125
3,000 語 … 1-4, 34, 44, 77, 80
5,000 語 … 60, 64

あ行 アカデミック語彙 … 17
アクション動詞 … 7, 94
ESP 語彙 … 18
1 文からパラグラフへ … 98, 106
意図的語彙学習 … 24-25
意味のマッピング … 67
イメージ（プロセス）の可視化 … 125
運用能力 … 32
英語学習の三種の神器 … 86
英語教育改革 … 112
英語の核 … 16
英語力のイメージ … 125
英語力モデルの可視化 … 129
「枝葉」の単語 … 22-23, 37-38, 48, 60, 80

か行 学習間隔のべき乗 … 76-77
学習語彙（増加） … 1-4
学習指導要領 … 1-4, 44, 54
学習ストラテジー … 62-63, 74, 86, 95
学習のインターバル … 76
学習プロセス … 56
可算名詞 … 68
カバー（率） … 6, 11-14
記憶カーブ … 77
記憶保持率 … 72
機械的ドリル … 103
基準特性抽出 … 120
基礎語彙 … 70
機能語 … 13-15
基本語彙構造 … 3
基本動詞 … 33
CAN-DO と言語材料 … 120
CAN-DO リスト … 113-127
教育再生懇談会 … 1, 44
教科書巻末グロッサリー … 58-59
共通参照レベル … 115
偶然出会う単語 … 82
偶発的語彙学習 … 24-25
繰り返し … 79, 92, 126
言語項目のリンキング … 129

言語処理 … 118
語彙学習教材 … 97
語彙学習ストラテジー … 21, 48-49, 79-80, 126
語彙の目利き … 74, 128
語彙リスト … 26, 121
語彙量（教科書の） … 40-44
語彙力（の構造）モデル … 45, 125
語彙レベル … 41-43
口頭練習 … 28, 105
コーパス … 2-6, 36, 81, 120-121
コーパス言語学 … 2
語感 … 35
異なり語 … 6
コミュニケーション動詞 … 7, 94
コロケーション … 71, 94

さ行 参照レベル記述 … 120
三大（多機能）動詞 … 6-7, 94
自学自習スキル … 49
辞書指導 … 49, 54-69, 128
辞書の早引きタスク … 57
辞書引き（スキル） … 55, 62-69
時制＆相入れ替えドリル … 103
授業の時間配分 … 127-129
受信 … 118
受容語彙 … 16-17, 34, 44, 80, 97-101, 126
小中高の受け渡し … 126
書写練習 … 105
助動詞（100 語の） … 8, 94
自律的学習者 … 86
新出語（への強迫観念） … 59, 69
接続詞（100 語の） … 8, 94
CEFR レベルの細分化 … 117
前置詞（100 語の） … 9, 94
前置詞指導 … 67-68
速読スキル … 65

た行 （第 2 言語）語彙習得研究 … 4, 77
大学入試コーパス … 81-82
大学入試問題最頻出 2,000 語 … 83
代名詞（100 語の） … 8
代名詞入れ替えドリル … 103
大量の英語インプット … 56
多義語 … 71
タスク … 118-119
達成度テスト … 113
妥当性検証 … 117
多読 … 24-25
愉しみの読書活動 … 25
単語カード … 59, 63, 80, 84, 126

	単語研究ノート……59, 61, 64, 67-69, 79, 84, 92-95, 107		BNC (British National Corpus) ……5-6
	単語テスト……76-78	C	CAN-DO ……113-130
	単語の目利き……29, 58-59, 92		CEFR ……80, 115-123
	チャンク英作ノート……107-108		CEFR-J (Wordlist) ……26, 60, 117-125
	チャンク(指導法) 33-38, 64, 94-108, 125-127		Common European Framework of Reference for Languages: Learning, Teaching, Assessment ……115
	テキスト分量……42-45		Common Reference Levels ……115
	動詞(100語の)……6-7, 94		corpus ……2-5
	動詞(の重点)指導……67, 70-72	D	deictic ……15
な行	ネイション, ポール……77, 127		discourse marker ……15
	能力記述文……116	E	English for Specific Purposes ……18
は行	発信……118	F	fluency ……37
	発信語彙……16-17, 35, 44, 63, 74, 80, 92, 95, 98, 101-102, 121, 125		Fluency development ……128
			4/3/2 ……72-74
	ピムズラー, ポール……77		FSI (Foreign Service Institute) ……45
	品詞指導……66-68	G	grammatical relations ……35
	フォー/スリー/トゥー……73-74	I	incidental vocabulary learning ……24
	フォーカスページ 61, 66, 70-72, 74, 79, 93, 121		Independent User ……115
			input ……118
	不可算名詞……68		intentional vocabulary learning ……24
	副詞……9, 14	J	JACET8000 ……29
	付箋……59, 61	L	Language-focused learning ……128
	フレーズ学……37	M	meaningful practice ……105
	文の種類入れ替えドリル……104		mechanical drill ……103
	文法関係/文法説明……35, 128		memory schedule ……77
	分野別語彙……17		multimodal ……72-74, 100
	忘却曲線……76	N	Nation, Paul ……77, 127
	ポートフォリオ……85	O	occupational ……119
	保持率……76		output ……118
	骨太の英語力……87, 129	P	personal ……119
	骨太のリーディング力……83		phraseology ……37
ま行	マルチモーダル……72-73, 106, 126		Pimsleur, Paul ……77
	「幹」と「枝葉」(のセット)……16, 22-23, 29, 34-38, 45, 80, 87		pleasure reading ……25
			portfolio ……85
	「幹」の単語……22, 29, 47-48, 70, 80		processing ……118
	名詞指導……68		production ……118
	メモリースケジュール……77		Proficient User ……115
	メンタル動詞……7, 94	R	reception ……118
	目標言語……72		retention ……76
や行	有意味な練習……105		RLD (Reference Level Description) ……120
	ヨーロッパ言語共通参照枠……60	S	social agent ……118
	4技能(バランス)……72, 114, 128		spoken interaction ……122
ら行	リピーティング……106		spoken production ……122
	流暢さ……37		stance word ……14
			structure ……123
A	academic&social ……119	T	task ……118-119
	action ……118		Threshold Level ……116
B	Basic User ……115		type ……6

〈著者紹介〉

投野 由紀夫（とうの・ゆきお）

東京外国語大学大学院教授。専門はコーパス言語学、辞書学、第2言語語彙習得。東京学芸大学大学院修士課程を修了後、東京都立航空高専、東京学芸大学を経て渡英、ランカスター大学博士課程でコーパス言語学を修める。言語学博士。その後、明海大学をへて現職。2003年、NHK教育「100語でスタート！英会話」講師を務める。同番組でキャラクター「コーパスくん」の人気が爆発し、日本ではじめてコーパス言語学の成果を本格的に英会話番組に応用した。同時に、JACET8000やALC SVL12000などの語彙表の作成に中心的に関わるなどコーパスに基づく英語教材開発を推進。

主な編著に、『エースクラウン英和辞典』『同英和辞典第2版』『クラウン チャンクで英単語 Basic』『同 Standard』（三省堂）、『NHK基礎英語データベース Mr.コーパス投野由紀夫のより抜き表現360』『コーパス練習帳』（NHK出版）、『英語教師のためのコーパス活用ガイド』『英語到達度指標 CEFR-J ガイドブック—CAN-DOリスト作成・活用』（大修館書店）、『プログレッシブ英和中辞典第5版』（小学館）など。

また学習者コーパス研究では世界的に著名で、JEFLLコーパス、NICT JLEコーパス、ICCIなどのコーパス構築プロジェクトを主導。現在はCEFR-Jという新しい英語到達度指標を開発し、CAN-DOリストとコーパス分析による英語シラバスの科学的構築に関する研究で世界中駆け回っている。*International Journal of Lexicography* (OUP), *Corpora, International Journal of Learner Corpus Research* (Benjamins) などの国際学術ジャーナルの編集委員、*Lexicography* (Springer)の編集長、英語コーパス学会副会長、アジア辞書学会元会長。

発信力をつける新しい英語語彙指導　プロセス可視化とチャンク学習

2015年3月1日　第1刷発行

著　者　投野由紀夫（とうの・ゆきお）
発行者　株式会社三省堂　代表者 北口克彦
印刷者　三省堂印刷株式会社
発行所　株式会社三省堂
　　　　〒101-8371
　　　　東京都千代田区三崎町二丁目22番14号
　　　　電話　編集 (03) 3230-9411
　　　　　　　営業 (03) 3230-9412
　　　　振替口座　00160-5-54300
　　　　http://www.sanseido.co.jp/

〈新しい英語語彙指導・144pp.〉

落丁本・乱丁本はお取替えいたします
©Yukio TONO 2015　　Printed in Japan

ISBN978-4-385-36603-6

Ⓡ 本書を無断で複写複製することは、著作権法上の例外を除き、禁じられています。本書をコピーされる場合は、事前に日本複製権センター (03-3401-2382) の許諾を受けてください。また、本書を請負業者等の第三者に依頼してスキャン等によってデジタル化することは、たとえ個人や家庭内での利用であっても一切認められておりません。

投野由紀夫の英語語彙教材

『エースクラウン英和辞典第2版』

投野由紀夫 編
B6変型判　1,904ページ　〈2色刷〉
学校推薦No.1の学習英和辞典 CEFR-J／CAN-DO対応
「フォーカスページ」は高頻度チャンクのデータベース
総収録項目数　英和5万1千　和英2万3千

『クラウン チャンクで英単語Basic』

投野由紀夫 編
B6判　288ページ　〈2色刷〉
発信力をアップさせる新世代の英単語帳　基礎編
1,800語レベル（中学～高1）／英検3級程度

『クラウン チャンクで英単語Standard』

投野由紀夫 編
B6判　336ページ　〈2色刷〉
発信力をアップさせる新世代の英単語帳　標準編
3,000語レベル（～高2）／英検準2級程度

三省堂 Web Dictionary　24辞書タイトル227万語＋漢字検索
http://www.sanseido.net/